Nichoirs et mangeoires

pour oiseaux

MODUS VIVENDI

Nichoirs et mangeoires
pour oiseaux

Projets de bricolage
pour attirer nos
amis les oiseaux

Mark Ramuz et Frank Delicata

Modus Vivendi

Copyright © MCMXCVI Quantum Publishing
Paru sous le titre original de : Birdhouses

LES PUBLICATIONS MODUS VIVENDI INC.
3859, autoroute des Laurentides
Laval (Québec)
Canada
H7L 3H7

Directrices littéraires : Heather Magrill, Miranda Stoner
Préparatrices de texte : Rebecca Myram Gwen Rigby
Directrice artistique : Elizabeth Healey
Illustrateurs :Dave McAllister, Tig Sutton, Neil Ballpit, Rob Shone, Gary Cross
Concepteurs : Bev Speight, Nigel wroght
Photographes : Georges Solomonides, Martin Norris
Recherche picturales : Jo Carlill
Responsable des Illustrations : Giulia Hetherington
Conseiller nord américain : Bob Flexner
Directeur de la rédaction : Mark Dartford
Directrice de la création : Moira Clinch
Traduction : Johanne Forget
Infographie de la version française : Modus Vivendi
Design de la couverture : Marc Alain

Dépôt légal: 1er trimestre 2003
Bibliothèque nationale du Québec
Bibliothèque nationale du Canada
Bibliothèque nationale de Paris

ISBN 2-89523-160-5

TABLE DES MATIÈRES

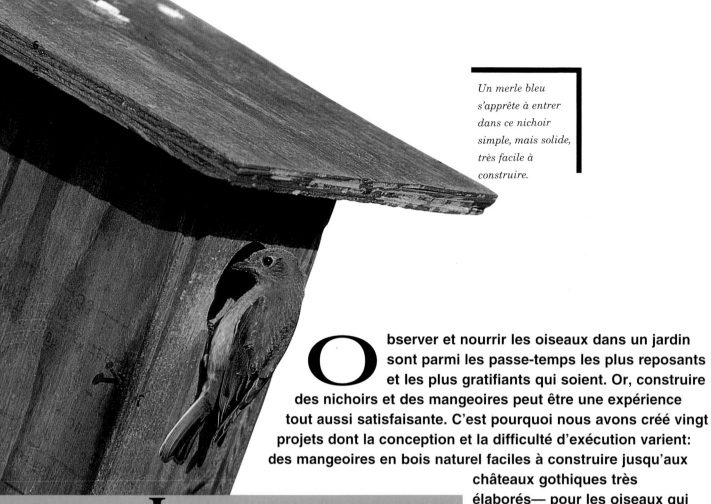

INTRODUCTION

Observer et nourrir les oiseaux dans un jardin sont parmi les passe-temps les plus reposants et les plus gratifiants qui soient. Or, construire des nichoirs et des mangeoires peut être une expérience tout aussi satisfaisante. C'est pourquoi nous avons créé vingt projets dont la conception et la difficulté d'exécution varient: des mangeoires en bois naturel faciles à construire jusqu'aux châteaux gothiques très élaborés— pour les oiseaux qui ont des goûts plus raffinés! Nous souhaitons que tous ces modèles, qui sont des projets précis et réalisables, vous inspirent pour créer vos propres adaptations. Il est possible que vous désiriez changer la taille, les proportions, la peinture de finition... ou seulement l'emplacement de l'ouverture. Souvenez-vous qu'il n'y a pas de règles absolues. Du moment que la structure est solide et offre une bonne protection, la décoration vous revient. Il importe également de garder à l'esprit l'objectif de votre projet: servira-t-il de nichoir, de mangeoire, ou des deux à la fois?

LES RÈGLES DE BASE CONCERNANT LES NICHOIRS

Bien que la conception d'un nichoir soit avant tout une affaire de goûts personnels, voici quelques règles de base concernant leur construction, leur emplacement et leur entretien.

- Le toit devrait être incliné pour permettre à la pluie de s'écouler rapidement, plutôt que de s'infiltrer dans le bois. Quel que soit le modèle réalisé, percez toujours plusieurs trous d'évacuation dans le fond, pour que l'eau puisse s'écouler sans faire pourrir le bois ou détremper les matériaux du nid. Percez des trous dans les côtés ou l'arrière pour favoriser la circulation de l'air. Les côtés ou les façades à charnières facilitent le nettoyage.

- Les dimensions de base de la boîte peuvent varier, mais devraient toujours avoir au moins 15 cm de profondeur pour empêcher les oisillons de tomber par l'ouverture.

- L'entrée du nichoir peut être placée sur la façade ou le côté, et sa taille variera selon le type d'oiseaux susceptibles de s'y plaire. En général, cependant, elle ne devrait pas faire plus de 30-38 mm de diamètre. C'est suffisamment grand pour attirer les merles bleus, les hirondelles bicolores, les roitelets, les mésanges à tête noire et les mésanges, tout en étant suffisamment petit pour empêcher les gros oiseaux prédateurs d'envahir le nid.

- Les modèles avec fente latérale, comme celui de la Mission (page 64), attireront les gobe-mouches. Ce type de nichoir devrait être placé dans un endroit isolé, bien enfoncé dans la fourche d'un arbre ou fixé dans une haie très dense.

Un nichoir fixé solidement et bien haut sur le tronc d'un arbre.

- Le lieu de nidification devrait se trouver au moins entre 1,4 m et 1,7 m du sol, pour que vous puissiez l'inspecter régulièrement. Orientez l'entrée de manière à ce qu'elle soit protégée des vents dominants. Les côtés des arbres ou les murs constituent les emplacements les plus usuels.

- Les nichoirs peuvent être fixés aux arbres ou aux murs de diverses façons. La méthode la plus simple consiste à fixer une solide planche de bois verticale à l'arrière du nichoir, à percer un trou dans la section saillante supérieure, et à planter un clou à travers ce trou dans l'arbre ou la maçonnerie. Si l'arbre est particulièrement fragile, fixez le nichoir au moyen d'une bande de caoutchouc épais ou d'une lanière de cuir: vissez les extrémités dans les côtés du nichoir et passez la bande ou la lanière autour du tronc de l'arbre.

Un nichoir «à terrasses», avec plusieurs entrées, placé sur des piquets.

- Plusieurs des modèles proposés dans le présent ouvrage peuvent également être placés en terrain découvert sur un pied solide. Encore une fois, l'essentiel est que la boîte soit fixée solidement. Le pied devrait avoir au moins 50 x 50 mm de surface, et l'extrémité devrait être enfoncée d'au moins 45 cm dans le sol, davantage si le sol est mou. Assurez-vous de la stabilité du nichoir au sommet, en le fixant de tous les côtés au moyen de languettes de bois en forme de coin.

- Il est généralement plus difficile d'éloigner les prédateurs que de protéger les oiseaux contre les intempéries. Or des plaques en métal clouées autour de l'entrée peuvent empêcher les écureuils d'élargir l'ouverture.

- Les prédateurs, tels les chats, les ratons laveurs et les serpents, peuvent causer des problèmes près des nichoirs. Vous pouvez fixer des barrières faites de morceaux de tuyaux de poêle ou de métal lisse au pied pour empêcher les petits animaux de grimper jusqu'au nid. Vous pouvez également augmenter l'épaisseur du bois de 18 mm à l'entrée pour les empêcher d'atteindre les oeufs ou les oisillons avec leurs pattes. Pour former une barrière intérieure entre le prédateur et le nid, collez trois goujons verticaux de 12 mm de diamètre et de 38 mm de long, espacés de 12 mm, directement sous l'entrée à l'intérieur.

Un pigeonnier de conception traditionnelle.

- Évitez de troubler le lieu de nidification, parce que cela peut facilement effrayer les oiseaux adultes et les faire fuir.

Une mésange à tête noire, perchée sur une branche, boit à une mangeoire à colibris. Nourrissez les oiseaux régulièrement.

- Il peut arriver que le nichoir soit envahi par des abeilles, des guêpes ou d'autres insectes. Il n'y a pas grand chose à faire avant que la boîte puisse être nettoyée au printemps: le mieux est sans doute d'installer un autre nichoir à proximité. Même s'il n'y a pas d'infestation, il est bon de nettoyer l'intérieur des nichoirs à l'automne et d'effectuer les réparations nécessaires. Enlevez les vieux matériaux du nid, la nourriture et les oisillons morts s'il y en a. Au début du printemps, versez de l'eau bouillante sur les surfaces intérieures pour tuer les petits parasites qui pourraient causer du tort aux futurs résidents. Appliquez sur les modèles en bois naturel une couche de préservatif à bois transparent à base d'eau, et traitez les métaux corrodés avec un inhibiteur chimique avant de repeindre. Si vous effectuez l'entretien de la boîte de nidification à chaque printemps, le bois et le métal devraient durer plusieurs années.

LES RÈGLES DE BASE CONCERNANT LES MANGEOIRES

Comme dans le cas des nichoirs, la taille et le style des mangeoires détermineront quelles espèces d'oiseaux viendront les fréquenter. Offrez leur de la nourriture toute l'année, vous attirerez probablement une plus grande variété d'espèces.

Essayez, autant que possible, d'offrir la nourriture à la même heure tous les jours. Un oiseau qui ne trouverait pas la source d'approvisionnement particulière à laquelle il s'est habitué pourrait en mourir.

- Tout comme pour les nichoirs, des trous d'évacuation devraient être percés dans la grande surface horizontale des mangeoires.

- Les mélanges composés de graines de tournesol, de millet et d'arachides, riches en huile, sont une bonne source de protéines. Le maïs concassé et la graisse de rognon attirent de nombreuses variétés d'oiseaux; les oiseaux mangeurs d'insectes aiment le fromage et la viande. Presque tous les restes de cuisine peuvent être utilisés pour compléter les mélanges de base, mais ils risquent d'attirer des prédateurs et certaines espèces d'oiseaux nuisibles. Les pommes tombées des arbres et l'avoine peuvent aussi constituer une source de nourriture opportune.

- Les oiseaux ont besoin de protection lorsqu'ils se nourrissent. Assurez-vous que les plateaux à nourriture soient de niveau et fixés solidement. Un piquet ou un poteau d'au moins 1,5 m de haut permettra aux oiseaux de rester hors de la portée des animaux domestiques; une boîte de conserve placée à l'envers au milieu du poteau empêchera les écureuils de chaparder la nourriture. Un morceau de tuyau en plastique lisse placé à la base du poteau aura le même effet.

- Les mangeoires exigent plus d'entretien que les nichoirs. Ne laissez pas les restes de cuisine y pourrir. Placez-y uniquement la quantité de nourriture à être consommée en une journée. Chaque printemps, nettoyez les mangeoires avec de l'eau savonneuse.

Un nichoir solide décoré d'une girouette qui lui confére un intérêt supplémentaire.

LES MATÉRIAUX

Le bois: Le bois massif est le plus versatile et le plus renouvelable des matériaux de construction. Grâce à sa résistance, à sa durabilité et à son apparence attrayante, il est parfait pour la réalisation de plusieurs des modèles proposés dans le présent ouvrage.

Le bois tendre scié ou raboté doit être traité régulièrement avec des préservatifs pour empêcher qu'il craque et pourrisse. Il existe sur le marché du bois déjà traité qui offre une protection optimale, mais il contient des produits chimiques, et on ne devrait pas l'utiliser pour les plateaux de nourriture ou là où les oiseaux sont susceptibles de faire leur nid. Réservez le bois traité pour les poteaux des mangeoires, les toits ou l'extérieur des nichoirs. Si vous pouvez obtenir des morceaux de bois dur, votre nichoir durera encore plus longtemps.

Les planches synthétiques: Le contre-plaqué et le panneau de fibres à densité moyenne (FDM) peuvent être utilisés tout au long du présent ouvrage. Tous deux représentent des matériaux économiques pour les projets d'extérieur et peuvent être poncés, taillés et peints. Choisissez le contre-plaqué d'extérieur ou le FDM qui résiste à l'humidité, mais prenez la peine d'appliquer généreusement sur le pourtour et les surfaces un vernis à l'épreuve de l'eau, une peinture ou un enduit. Autrement, l'eau pourrait pénétrer les fibres et délaminer la planche.

Les métaux: Les clous galvanisés et les vis plaquées ou en laiton ne tachent pas le bois et résistent mieux à la corrosion que l'acier. Le plomb, utilisé sur le toit de la maison Windy Miller (page 78), est un matériau idéal pour sceller les joints dans les portions de toit.

- Tous les autres éléments de ferronnerie, comme les charnières, devraient autant que possible être en laiton.

MARK RAMUZ

Ce nichoir pour roitelets est muni, juste au-dessous de l'entrée, d'une longue branche servant de perchoir.

*Les mangeoires,
ainsi que les
nichoirs, devraient
être placés hors de
la portée des
prédateurs.*

*Nourrir les oiseaux
durant toute l'année,
permet d'attirer une
grande variété
d'espèces.*

À PROPOS DES OISEAUX

La récompense suprême que procure la construction d'un nichoir
est de voir les oiseaux le fréquenter. On peut alors écouter le chant
mélodieux d'un roitelet mâle, tout en observant sa compagne construire
le nid à l'aide de brins de paille et d'autres fibres de plantes. On peut les
voir s'animer tandis qu'ils nourrissent leurs petits tour à tour et peut-être même
assister au premier envol hésitant des oisillons. On éprouve alors la fierté d'avoir
fait quelque chose pour les oiseaux. Bien que la conception et la construction d'un
nichoir demandent des efforts considérables, cela vaut la peine d'y consacrer un petit effort
supplémentaire afin de le rendre vraiment attirant pour les oiseaux.

Seulement 15 pour cent des espèces d'oiseaux utilisent des boîtes de nidification. Comme les
nichoirs sont inspirés des cavités qui se trouvent dans les arbres morts, seuls les oiseaux habitués
à faire leurs nids dans ces cavités sont susceptibles de les utiliser. Les pics creusent plusieurs de
ces trous naturels dans les arbres morts, et du fait que le creusage est un élément important du
processus de séduction et d'accouplement des pics, ceux-ci creusent de nouvelles cavités chaque
année. D'autres oiseaux qui nidifient dans des cavités, comme les mésanges, les mésanges à tête
noire, les merles bleus et les roitelets, utilisent les mêmes trous année après année, quoique très
souvent les occupants appartiennent à des générations successives. Or, les nichoirs adéquatement
conçus et bien construits peuvent remplacer avantageusement les lieux de nidification
traditionnels.

Pour attirer les oiseaux aux nichoirs, il convient, en premier lieu, de choisir un emplacement convenable.

Les oiseaux doivent satisfaire trois besoins essentiels: manger, boire et s'abriter.

Plus vous offrirez aux oiseaux des moyens diversifiés de répondre à ces besoins, plus vous attirerez d'espèces différentes. Pensez à planter dans votre cour plusieurs variétés d'arbres, des arbres à feuilles persistantes, des arbustes à fruits, de l'herbe et des fleurs pour offrir nourriture et abri aux oiseaux. Adressez-vous à une pépinière ou à un centre de jardinage de votre région pour obtenir de l'aide dans la sélection d'arbres, d'arbustes et de fleurs qui croîtront bien dans votre cour. Puis, intégrez des mangeoires, des vasques et des nichoirs au paysage.

Planter divers arbres, arbustes et fleurs dans la cour représente une excellente façon d'offrir nourriture et abri à différentes espèces d'oiseaux.

Les différentes espèces d'oiseaux requièrent des habitats différents. Par exemple, les merles bleus font rarement leurs nids dans les régions urbaines ou les forêts, parce qu'ils préfèrent les grandes étendues avec des arbres espacés. On peut les observer aux abords des larges pelouses, des prairies, des pâturages et des terrains de golf. Les nichoirs à merles bleus devraient être placés à 1 ou 2 m du sol et être espacés de 90 m. Installez-les près d'une branche d'arbre ou d'une clôture qui facilitera le premier envol des oisillons et leur servira de perchoir pour chasser les insectes.

En général, les oiseaux d'une même espèce n'aiment pas faire leur nid trop près les uns des autres, de sorte qu'il est inutile de placer plus de deux nichoirs pour chaque espèce dans une petite cour. Les hirondelles bicolores, qui font leurs nids à 17 m de distance, sont une exception. Elles fréquenteront les nichoirs à merles bleus, bien qu'elles préfèrent les lieux en plein soleil près de l'eau.

Les mésanges et les sittelles, qu'on voit souvent aux mangeoires, préfèrent les clairières et l'orée des forêts pour la nidification. Leur habitat naturel est constitué par les maisons de pics abandonnées, généralement dans les régions boisées.

Des étourneaux sur une mangeoire. Le millet et les arachides sont une bonne source de protéines; la plupart des restes de cuisine peuvent servir de complément.

En plaçant leur nichoir dans un habitat similaire reproduit dans votre cour, vous offrirez à ces oiseaux agréables plus d'un repas gratuit à votre mangeoire. Les mésanges et les sittelles utilisent le même type de nichoir; ses dimensions sont en général de 10 x 10 x 30 cm, avec une entrée de 30 mm de diamètre. La base du nichoir devrait être placée à une hauteur de 1,2 à 4,5 m du sol.

Deux espèces de gobe-mouches utilisent les nichoirs: le tyran huppé et le tyran à gorge cendrée. Les deux s'accommodent du même type de nichoir, d'environ 15 x 15 x 20 cm, avec une entrée de 43 mm de diamètre, placé sur un piquet ou un arbre à une hauteur de 2,4 à 6 m du sol.

Les pics flamboyants sont ceux que l'on voit le plus fréquemment dans les nichoirs, mais les pics mineurs, les pics chevelus, les pics à front doré et les pics à ventre roux s'y installent aussi. Placez les maisons à une hauteur de 1,5 à 4,5 m sur une branche morte, dans un endroit semi-boisé ou un ancien verger. Pour les pics à tête rouge de l'ouest, fixez le nichoir à une hauteur d'environ 2,4 à 6 m sur un poteau de ligne ou un gros arbre. Comme les pics creusent de nouvelles cavités chaque année, vous pourriez les attirer en remplissant partiellement le nichoir de copeaux de bois qu'ils devront enlever.

Parmi les espèces qui font leurs nids dans des cavités, les hirondelles pourprées sont les seules à l'est des Montagnes Rocheuses à dépendre des humains pour leurs lieux de nidification. Les oiseaux de l'ouest utilisent d'anciens trous de pics dans les arbres ou les cactus, mais ceux de l'est se sont adaptés à la vie avec les humains.

Les hirondelles pourprées font leurs nids en colonie et reviennent année après année à la même maison d'oiseau à appartements. Placez leurs nichoirs sur un poteau dans un lieu découvert – idéalement près d'une source d'eau – à au moins 4,5 m des grosses branches saillantes et des bâtiments et à 4,2 - 6 m de hauteur. Avant de construire une maison d'hirondelles, assurez-vous que cette espèce fréquente votre région.

Les moineaux domestiques et les étourneaux font leurs nids dans toute cavité ou tout nichoir à leur taille. Les moineaux domestiques préfèrent habiter près des immeubles. Ces deux espèces d'oiseaux agressifs s'attaquent aux oeufs et aux oisillons et construisent parfois leurs nids par-dessus les nids d'autres oiseaux. Les dimensions de certains orifices d'entrée, comme ceux des maisons de roitelets, sont trop petites pour les moineaux. Mais dans le cas de certains nichoirs, comme ceux qu'habitent les merles bleus, vous devrez peut-être enlever régulièrement les nids de moineaux jusqu'à ce qu'ils se découragent et décident d'aller s'installer ailleurs.

Il est facile de reconnaître un nid de moineaux ou d'étourneaux: les merles bleus, les mésanges à tête noire et les mésanges construisent des nids d'apparence soignée; les nids de moineaux et d'étourneaux sont des piles désordonnées d'herbe, de plumes et d'ordures (bien que les hirondelles bicolores utilisent aussi des plumes).

Il existe différents modèles de nichoirs et de mangeoires à construire. Certains ont un style très orné, d'autres sont rustiques ou classiques. Vous pouvez toutefois choisir un modèle très original, comme ces «soucoupes volantes» à gauche.

Au printemps, de nombreux oiseaux peuvent être attirés par des matériaux de nidification prometteurs. Amassez des bouts de corde effilochée, des morceaux de tissu soyeux, de coton, de laine, de mousse; coupez des petits bouts de fil et recueillez les poils de la brosse de votre chien. N'utilisez pas de bouts de fil trop longs, parce que les oisillons ou les oiseaux adultes pourraient s'y prendre les pattes. Il est également préférable d'éviter le coton hydrophile, parce qu'en plus d'entortiller les griffes et les pattes il peut se tasser dans le nid, et la mère pourrait alors avoir de la difficulté à tourner ses oeufs. Placez un assortiment de matériaux convenables dans des paniers ou des filets à provisions près des nichoirs – et attendez. La suite est entre les mains de Mère Nature et des oiseaux.

SUSAN DAY

OUTILS ET SÉCURITÉ

LES ÉTABLIS

Un établi solide muni d'un étau est un atout
important pour tous les menuisiers. L'établi
doit être bien ancré au sol, pour que vous
puissiez réaliser certaines opérations
facilement, comme scier et raboter. Si vous
manquez d'espace, vous pouvez remplacer
l'établi permanent par un établi à châssis de
métal repliable. Bien que la
surface de travail en soit
limitée, il est idéal pour
serrer les planches
(même celles de
forme peu maniable).

LES LUNETTES DE TRAVAIL
Vos yeux ont autant besoin
de protection que vos
oreilles et vos poumons.
Portez des lunettes protec-
trices chaque fois que vous
travaillez avec des outils
mécaniques, et même avec
des outils à main, comme
les marteaux.

LES PROTECTEURS
AURICULAIRES
Les bruits d'intensité élevé
comportent un danger pour
votre ouïe. Même si vous
vous servez rarement
d'outils mécaniques, portez
des protecteurs auriculaires
pour ménager votre ouïe.

Un masque antipoussières vous protégera contre les fines particules, quand vous scierez le bois.

L<small>ES MASQUES ANTIPOUSSIÈRES ET LES</small> <small>RESPIRATEURS</small>

La sécurité devrait toujours être votre premier souci quand vous travaillez dans l'atelier. Le découpage, le toupillage et surtout le ponçage du bois sont des opérations qui produisent de très fines particules de bois ou de poussière. Portez toujours un masque antipoussières quand vous procédez à ces opérations. Le respirateur facial offre une forme de protection plus efficace que le masque léger. La visière en plastique protège également contre les éclats.

LES OUTILS MÉCANIQUES

Les outils mécaniques ne sont pas absolument essentiels, mais ils facilitent grandement l'exécution de certains travaux pratiques et ils peuvent également contribuer à obtenir de meilleurs résultats.

L<small>A SCIE SAUTEUSE</small> <small>ÉLECTRIQUE</small>

Elle peut servir à faire des coupes droites, mais elle est idéale pour découper des formes plus complexes et des ouvertures. On peut y adapter des lames différentes selon la nature du travail à exécuter ou du matériel à utiliser.

L<small>A PERCEUSE</small> <small>ÉLECTRIQUE</small>

Les perceuses électriques sans fil rechargeables sont très utiles. Certaines peuvent fonctionner à des vitesses variables et être utilisées avec différentes types de mèches.

L<small>A TOUPIE</small>

Les toupies peuvent être utiles, mais elles sont recommandées uniquement pour les amateurs sérieux. On peut adapter à la plupart des toupies divers types de mèches capables de découper une grande variété de fentes et de moulures.

LA FINITION

Les nichoirs et les mangeoires étant destinés à l'extérieur, il est nécessaire d'appliquer sur le bois un enduit qui offre une bonne protection contre l'humidité, plutôt qu'un fini meuble lustré peu résistant.

L<small>ES ÉTAPES GÉNÉRALES DE LA FINITION:</small>

- Obturez les imperfections au moyen d'un bouche-pores d'extérieur. Poncez le bois ou la planche avec un papier sablé de grain moyen. Autant que possible, poncez toujours dans le sens du grain.

- Enlevez à la brosse la poussière produite par le ponçage, et essuyez le bois avec un linge imbibé de white-spirit pour le dégraisser et en nettoyer la surface.

- Appliquez le fini choisi. Il est préférable d'appliquer deux couches minces, plutôt qu'une seule couche épaisse, car dans ce dernier cas le vernis risque de dégouliner et de ne pas sécher uniformément.

Q<small>UELQUES CONSEILS:</small>

- Ne mettez pas trop de vernis sur le pinceau. Appliquez le produit en mouvements uniformes, en maintenant le «côté mouillé» du pinceau vers le grain.

- Appuyez le nichoir sur des pointes faites de clous plantés dans une retaille de bois retournée sur l'établi, mais soyez prudent.

- Appliquez sur les angles et les extrémités une couche de vernis supplémentaire pour empêcher l'eau de pénétrer.

LES OUTILS À MAIN

La plupart des projets proposés dans le présent ouvrage peuvent être réalisés avec les outils à main de base pour le travail du bois.

1 LA SCIE RIGIDE

La scie rigide est un bon outil d'usage général pour couper les matériaux à la taille désirée.

2 LA SCIE À DOS

La scie à dos est utile pour réaliser des coupes droites et précises, particulièrement pour des travaux plus délicats.

3 LA SCIE À CHANTOURNER

La scie à chantourner est indispensable pour faire les orifices d'entrée, les éléments décoratifs et autres pièces courbes.

MESURAGE ET MARQUAGE

4 LE MÈTRE À RUBAN ET LE RÉGLET

Il est très utile d'avoir sous la main un mètre à ruban et un réglet de bonne qualité.

5 L'ÉQUERRE

L'équerre est essentielle pour tracer et vérifier les angles droits.

6 LA FAUSSE ÉQUERRE À COULISSE

La fausse équerre à coulisse est utile pour les pentes de toit et les côtés inclinés.

7 LE TRUSQUIN

Le trusquin simple sert à tracer des lignes parallèles.

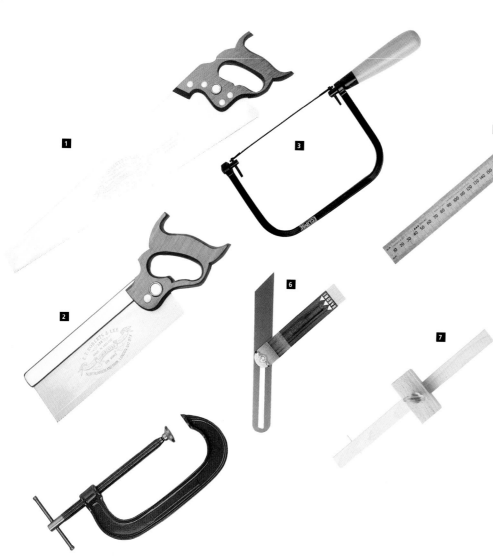

DÉCOUPE ET DÉGAUCHISSA

8 LE COUTEAU D'ARTISTE

Le couteau d'artiste peut être utilisé réaliser un traçage précis; il permet faire des découpes propres, sans écornures.

9 CISEAU À BOIS EN BISEAU

Les ciseaux à bois en biseau seront utiles pour certains projets. Ceux d 12,5 mm et 25 mm sont les plus couramment utilisés.

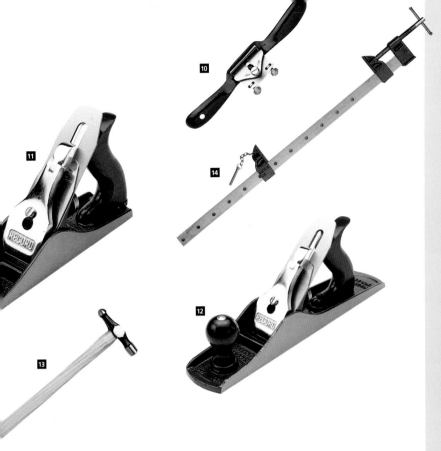

10 LA VASTRINGUE

La vastringue aide à façonner les profils arrondis.

11 LA VARLOPE

La varlope est indispensable pour obtenir de beaux angles, ce qui sera très utile au moment de coller ou de clouer les morceaux de bois.

12 LE RIFLARD

Le riflard, plus lourd, sert à aplanir de plus longues planches de bois.

13 LE MARTEAU

Un marteau léger, pesant jusqu'à 110 g, suffit pour les clous.

14 LE SERRE-JOINT À BARRE OU EN C

Les serre-joints s'avèrent utiles pour maintenir les morceaux de bois ensemble à l'étape du collage.

15 LE CHASSE-CLOU

Le chasse-clou sert à enfoncer les têtes de clous sous la surface du bois.

LES MATÉRIAUX

LE BOIS

Vous pourrez vous procurer du bois tendre ou du bois massif en dimensions normales dans une cour à bois de votre région. Le bois se vend à la planche ou au mètre-planche. Il est important de noter que les dimensions du bois d'oeuvre sont nominales. Par exemple, si vous achetez du bois de dimensions nominales de 25 x 50 mm, les dimensions exactes avec lesquelles vous travaillerez seront de 22 x 45 mm, et ainsi de suite. Vous devez tenir compte de cette anomalie dans la conception de votre plan de découpe pour votre nichoir ou mangeoire.

LES PANNEAUX DE CONTRE-PLAQUÉ

Les planches préfabriquées, comme le contre-plaqué affiné, le contre-plaqué, le contre-plaqué à âme panneautée et le panneau de fibres à densité moyenne (FDM) se vendent généralement en panneaux de 1,22 m x 2,44 m. Un panneau contient généralement 2,8 m². Le prix des planches préfabriquées est fixé au mètre carré et à l'épaisseur. Par exemple, le contre-plaqué de 19 mm d'épaisseur est plus coûteux au mètre carré que celui de 6 mm. Achetez toujours des planches pour un usage extérieur, c'est-à-dire des panneaux collés avec de la colle à l'épreuve de l'eau.

LES COLLES

La colle de menuisier (polyacétate de vinyle) est la colle idéale pour les travaux de menuiserie. Quand vous collez deux morceaux de bois, assurez-vous que les surfaces à réunir sont propres. La colle n'agira pas sur les surfaces vernies ou peintes. Appliquez la colle uniformément en couche mince et maintenez les pièces jointes à l'aide d'un serre-joint ou d'un étau. Essuyez l'excès de colle avec un linge humide et laissez sécher. La colle de menuisier est propre et efficace, elle ne tache pas. Évitez de répandre de la colle sur les surfaces que vous désirez recouvrir d'un mordant pour bois, parce qu'elle empêchera le mordant de pénétrer et pourra laisser une tache non souhaitée sur votre ouvrage.

Prenez soin d'acheter de la colle d'extérieur, car elle sera à l'épreuve de l'eau une fois sèche.

RÉALISER DES PROJETS

Les pages qui suivent contiennent des instructions détaillées pour la réalisation de 20 projets de nichoirs et mangeoires. Les modèles sont présentés selon un ordre croissant de complexité. Le degré de difficulté est indiqué par le nombre de plumes placées à côté du titre du projet. Une plume indique que le projet est facile à réaliser, tandis que trois plumes indiquent que l'opération requise est relativement complexe.

DE TOUS LES TYPES DE NICHOIRS, LE PLUS NATUREL EST SANS DOUTE UN SIMPLE MORCEAU DE BRANCHE ÉVIDÉE. IL CONSTITUE UN HABITAT PARFAIT TOUT EN ÉTANT DES PLUS FACILES À RÉALISER. CELUI-CI EST DOTÉ D'UNE BASE EN CONTRE-PLAQUÉ ET EST RECOUVERT D'UN TOIT DE BOIS ASSORTI. POUR PERMETTRE À LA PLUIE DE S'ÉCOULER, LE TOIT INCLINÉ EST FIXÉ AU

LES MATÉRIAUX

• Une section de branche ou de tronc de 300 mm de long et de 150 mm de diamètre
• Un panneau de contre-plaqué de 150 x 150 mm et de 3 mm d'épaisseur
• Des clous
• Une charnière de surface à meuble de 50 mm et quatre vis à bois de 18 mm
• Deux bandes de métal de 500 mm de long et de 12,5 mm de largeur
• Un carré de métal de 62 x 62 mm et de 2 mm d'épaisseur
• Un produit de préservation du bois de qualité Extérieur
• De la colle de menuisier

LES OUTILS

• Une scie à panneaux
• Une scie à guichet
• Une perceuse électrique
• Une mèche à bois de 12,5 mm
• Une scie sauteuse
• Un marteau
• Un ciseau à bois de 25 mm
• Un tournevis
• Un pinceau
• Un mètre à ruban

CABANE EN BOIS ROND

SOMMET À L'AIDE D'UNE CHARNIÈRE DE SURFACE EN MÉTAL. LE CERCLE DE MÉTAL AUTOUR DE L'OUVERTURE DE LA FAÇADE EMPÊCHE LES PRÉDATEURS D'ÉLARGIR LE TROU. ENFIN, UNE COUCHE D'ENDUIT POUR PRÉSERVER LE BOIS PERMETTRA À VOS PETITS AMIS DE SÉJOURNER DANS CE NICHOIR PENDANT DE NOMBREUSES ANNÉES.

L'UTILITÉ

• Grâce à son orifice d'entrée de 32 mm de diamètre, ce nichoir convient à une grande variété d'oiseaux. Placez-le à environ 1,5-3,5 m du sol pour les merles bleus, les mésanges, les sittelles, les mésanges à tête noire et les roitelets. D'autres oiseaux, comme les pics mineurs, les pics chevelus, les hirondelles bicolores et les hirondelles à face blanche, préfèrent des emplacements plus élevés: placez alors leurs nichoirs à une hauteur de 2 à 6 m du sol. Ils seront plus faciles à inspecter s'ils ne sont pas placés trop haut. Pour tous les oiseaux, sauf les merles bleus et les hirondelles bicolores, placez le nichoir près d'un arbre, de sorte qu'ils ne manqueront pas de le trouver.

Couvercle

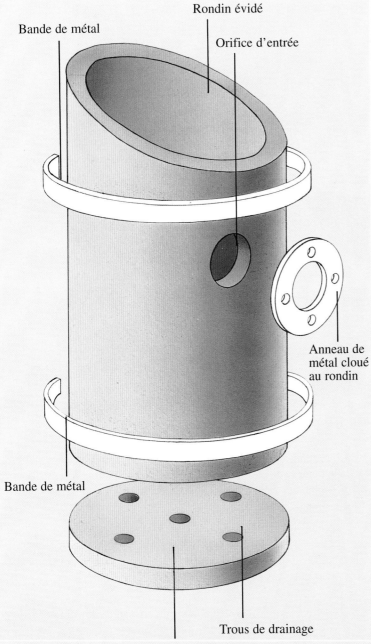

Rondin évidé

Bande de métal

Orifice d'entrée

Anneau de
métal cloué
au rondin

Bande de métal

Trous de drainage

Base de contre-plaqué

*Ce diagramme
montre comment les
divers éléments sont
assemblés.*

1 Découpez le bas du morceau de branche ou de tronc à angles droits par rapport aux côtés avec la scie à panneaux.

2 Découpez l'extrémité du toit à un angle d'environ 30° pour favoriser l'écoulement de l'eau de pluie.

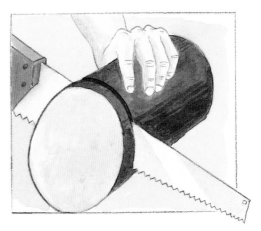

3 Découpez la section du toit en vous assurant que l'épaisseur est d'au moins 18 mm et qu'elle demeure la même tout le tour. Si vous avez besoin d'un guide de sciage, marquez le rondin à divers endroits en vous servant d'un mètre à ruban.

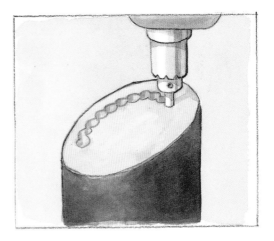

4 Percez dans le centre du rondin des trous très rapprochés à 18 mm de la surface extérieure. Percez en profondeur jusqu'au milieu du bois. Retournez le rondin, tenez-le fermement et répétez le processus. Maintenez la perceuse en position verticale afin d'éviter d'endommager la surface extérieure du rondin.

5 Découpez le long des trous percés à l'aide d'une scie à guichet.

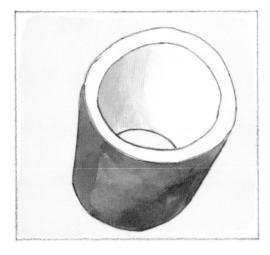

6 Enlevez la matière. Pour obtenir une texture plus douce, finissez d'évider avec un ciseau à bois de 25 mm.

7 Placez le rondin sur un morceau de papier et tracez-en le pourtour en vue de déterminer la dimension de la base de contre-plaqué.

8 Avec du ruban adhésif, collez le papier sur un panneau de contre-plaqué de 6 mm, et découpez le panneau avec la scie sauteuse.

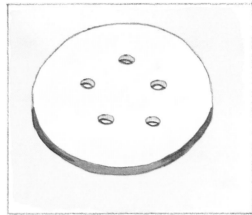

9 Percez cinq trous espacés de manière égale dans la base de contre-plaqué; cela permettra l'écoulement de l'eau.

10 Clouez et collez la base de contre-plaqué sous l'extrémité inférieure du nichoir.

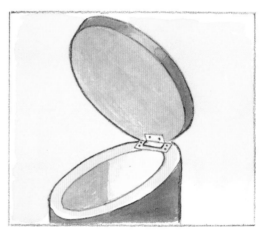

11 Fixez la charnière au toit et à la partie arrière supérieure du rondin avec des vis à bois.

12 Utilisez la scie sauteuse pour découper une ouverture de 38 mm sur le devant, juste au-dessus du milieu du rondin.

13 Découpez un anneau de 15 mm de large dans le morceau de métal de 2 mm d'épaisseur, et clouez-le autour de l'ouverture avec des clous.

CONSTRUIT EN OSIER, UN BOIS EXTRÊMEMENT FLEXIBLE, CE MODÈLE EXOTIQUE À AILES PROCURE UN LOGEMENT SPACIEUX AUX OISEAUX.

14 Fixez les bandes de métal fermement près du sommet et de la base du nichoir, en utilisant quatre clous pour chaque bande. Grâce à ces boucles, le nichoir demeurera intact si le bois craque en séchant.

Quand vous avez fini de construire le nichoir en bois rond, appliquez deux couches de produit de préservation transparent d'extérieur, et placez le nichoir à au moins 2,4 m au-dessus du sol.

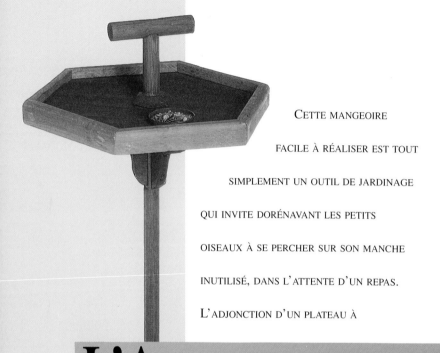

CETTE MANGEOIRE FACILE À RÉALISER EST TOUT SIMPLEMENT UN OUTIL DE JARDINAGE QUI INVITE DORÉNAVANT LES PETITS OISEAUX À SE PERCHER SUR SON MANCHE INUTILISÉ, DANS L'ATTENTE D'UN REPAS. L'ADJONCTION D'UN PLATEAU À

L'AMI DU JARDINIER

NOURRITURE À UNE VIEILLE BÊCHE OU UNE VIEILLE FOURCHE CONSTITUE UNE CHARMANTE INNOVATION DANS UN PETIT JARDIN. LE PLATEAU, FAIT DE CONTRE-PLAQUÉ, EST FIXÉ SOUS LE MANCHE. IL COMPORTE UNE PETITE CAVITÉ DESTINÉE À RECEVOIR UN CONTENANT REMPLI D'EAU OU DE GRAINES AINSI QU'UN REBORD ÉLEVÉ POUR EMPÊCHER LA NOURRITURE DE TOMBER AU SOL.

L'UTILITÉ

• Cette mangeoire sera particulièrement populaire auprès des cardinaux, des juncos, des bruants à couronne blanche, des bruants chanteurs et des colombes, qui se nourrissent naturellement à même le sol. Cependant, d'autres oiseaux, par exemple les mésanges à tête noire, les mésanges, les geais et les sittelles, viendront probablement prendre part au festin. Comme cette mangeoire repose, de par sa nature, assez près du sol, il est important que vos visiteurs à plumes soient protégés. Placez la mangeoire dans une partie découverte, mais pas trop exposée, du jardin, de sorte que les oiseaux puissent voir s'approcher les éventuels prédateurs. Protégez également la mangeoire en ajoutant au poteau un quelconque dispositif «antiprédateurs».

Poignée

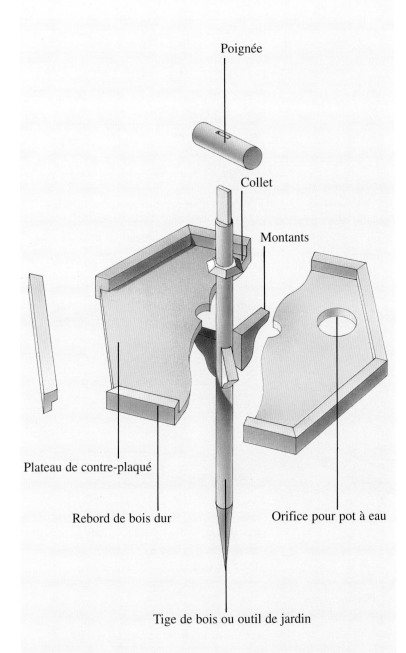

Collet

Montants

Plateau de contre-plaqué

Rebord de bois dur

Orifice pour pot à eau

Tige de bois ou outil de jardin

*Ce diagramme montre
comment les divers
éléments sont assemblés.
Pour les dimensions de
coupe, voir le plan à la
page 110.*

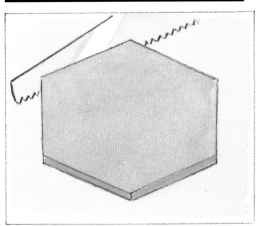

1 Découpez la base en suivant le plan à la page 110. Vous pouvez aussi, à l'aide d'un compas, tracer un cercle de la dimension requise et marquer les six coins; reliez ensuite les points pour former un plateau hexagonal.

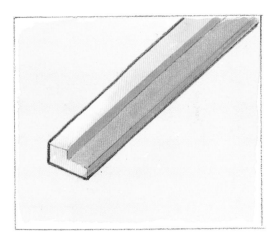

2 Préparez le rebord de chêne en creusant une rainure à l'aide d'une mèche à rainurer. Si vous préférez, utilisez un guillaume ou achetez une moulure préfabriquée. Taillez les extrémités en onglets pour l'assemblage du plateau. Utilisez la fausse équerre à coulisse pour obtenir les angles appropriés.

3 Clouez et collez le rebord aux côtés du plateau, au ras de la face inférieure.

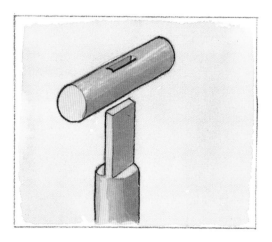

4 Coupez la tige à la dimension requise et découpez une des extrémités de manière à former une encoche rectangulaire. Façonnez les bords inférieurs de sorte qu'ils s'adaptent à la courbe de la traverse qui servira de perchoir. Taillez l'extrémité inférieure en forme de pointe.

UNE VIEILLE FOURCHE DE JARDIN POURRAIT FAIRE UNE MANGEOIRE IDÉALE. IL SUFFIT D'Y AJOUTER UN PLATEAU, PUIS DE LA PLANTER N'IMPORTE OÙ DANS LE SOL.

5 Découpez l'orifice pour le contenant avec la scie sauteuse.

6 Faites un plan en carton et découpez trois montants dans les retailles de bois de 25 mm. Percez deux trous dans chaque montant, de manière à pouvoir les fixer à la tige centrale.

7 À l'aide d'un rabot, formez des surfaces planes sur trois côtés de la portion supérieure de la tige pour les montants, et vissez-les en place.

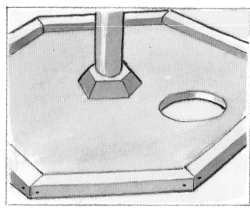

8 Façonnez un petit collet hexagonal en chêne rappelant la forme du plateau. Taillez la partie supérieure en biseau à l'aide d'un rabot et percez un trou au centre pour la tige.

9 Glissez le collet et le plateau sur la tige, puis vissez et collez le plateau sur les montants.

10 Collez et clouez la petite «poignée» au sommet de la tige.

*Avant de planter la
pointe de cette
mangeoire dans le sol,
appliquez-y une couche
de produit de
préservation du bois
d'extérieur et une
couche de vernis ou de
peinture.*

L'ARBRE-MANGEOIRE, UNE VERSION SOPHISTIQUÉE DE LA CABANE EN BOIS ROND (PAGE 20), EST CONSTRUIT À PARTIR D'UN GROS TRONC D'ARBRE MUNI DE BRANCHES. VOUS POURREZ Y AMÉNAGER PLUSIEURS MANGEOIRES, MAIS N'OUBLIEZ PAS QUE VOUS RISQUEZ D'AFFAIBLIR LES BRANCHES EN Y PERÇANT TROP DE TROUS. CHOISISSEZ UNE PORTION D'ARBRE DE FORME ATTRAYANTE, QUI COMPORTE DES BRANCHES SUFFISAMMENT SOLIDES POUR QUE VOUS PUISSIEZ Y PERCER DES OUVERTURES. L'ARBRE-MANGEOIRE AGRÉMENTE NATURELLEMENT UN PETIT

LES MATÉRIAUX

• Une grosse branche ou un gros tronc avec de nombreuses ramifications
• Un goujon en bois franc de 9 mm de diamètre, d'une longueur de 50 cm
• Un petit bocal de verre, de 38 mm de diamètre, pour chaque emplacement de mangeoire
• Un produit de préservation du bois

LES OUTILS

• Une perceuse électrique
• Une mèche plate de 38 mm
• Une fraise de 9 mm
• Une gouge
• Une scie à guichet
• Un maillet et un vieux ciseau à bois

L'ARBRE-MANGEOIRE

JARDIN CLÔTURÉ SANS PRENDRE TROP D'ESPACE.

L'UTILITÉ

• Les pics et les sittelles se nourrissent naturellement dans les branches d'arbre, de sorte que vous les attirerez facilement avec cet arbre-mangeoire. Les mésanges à tête noire, les mésanges, les pics et les sittelles préfèrent les mangeoires situées à 1,2-4,5 m au-dessus du sol. En plaçant des quartiers d'orange sur des clous ou des piquets, vous ferez également la joie des loriots, des pics et des tanangas.

LA MÉTHODE

1 Si vous souhaitez donner à la mangeoire un fini d'apparence plus lisse, enlevez délicatement l'écorce du morceau de bois choisi à l'aide d'un vieux ciseau à bois et d'un maillet.

2 Placez la branche en position verticale.

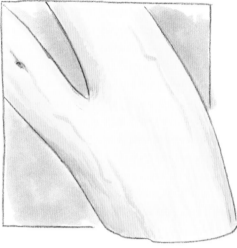

3 Découpez la base de la branche horizontalement avec une scie à guichet, de manière qu'elle puisse tenir à plat. L'objectif est de donner à la branche la plus grande stabilité possible.

4 Assurez-vous que les endroits où vous voulez placer les bocaux à nourriture sont suffisamment épais pour ne pas être affaiblis par les trous que vous percerez.

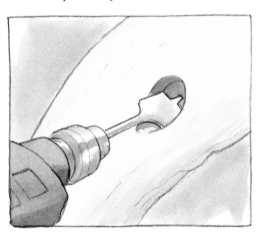

5 Percez des trous de 38 mm de diamètre chacun à l'aide d'une mèche plate de 38 mm. Chaque bocal devra s'ajuster parfaitement au trou, de sorte qu'il ne bougera pas pendant que les oiseaux se nourriront.

UNE MANGEOIRE
DE CONSTRUCTION
FORT SIMPLE,
PLACÉE TRÈS HAUT
SUR UN TRONC
D'ARBRE.

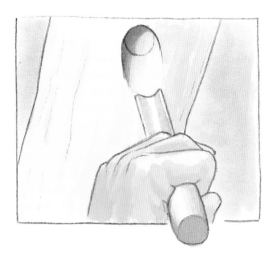

6 Allongez légèrement chaque ouverture avec une gouge ou une mèche plus petite afin que les bocaux soient plus faciles à enlever pour le remplissage.

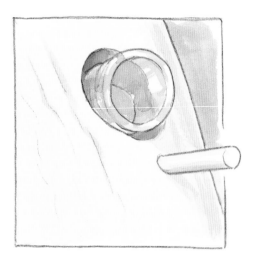

7 Sous chaque bocal, à l'aide d'une fraise de 9 mm, percez un trou destiné à recevoir un goujon de 9 mm de diamètre, et insérez-en un d'une longueur de 50 mm. Celui-ci servira de perchoir. Toutefois, certaines branches peuvent être déjà naturellement munies de plus petites branches, qu'il suffit alors de couper à la longueur requise.

8 Appliquez sur la mangeoire terminée une bonne couche de produit de préservation du bois.

Cette mangeoire,
aménagée dans une
branche d'arbre, est
idéale dans un jardin
de petites dimensions.

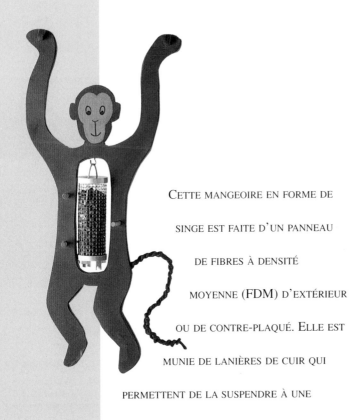

- Un panneau de 300 x 600 mm de FDM ou de contre-plaqué d'extérieur de 25 mm d'épaisseur
- Une paire de lacets bruns épais
- Un goujon en bois franc d'une longueur d'environ 380 mm
- Un crochet de métal et 300 mm de fil métallique épais
- Des lanières de cuir de 12,5 mm de largeur
- Du vernis-teinture d'extérieur ou de la laque de couleur brune, ainsi que de la peinture crème et noire
- Du papier sablé

- Une scie sauteuse ou une scie à découper
- Une perceuse électrique
- Une mèche à bois de 9 mm
- Des pinceaux
- Un crayon
- Un mètre à ruban

CETTE MANGEOIRE EN FORME DE SINGE EST FAITE D'UN PANNEAU DE FIBRES À DENSITÉ MOYENNE (FDM) D'EXTÉRIEUR OU DE CONTRE-PLAQUÉ. ELLE EST MUNIE DE LANIÈRES DE CUIR QUI PERMETTENT DE LA SUSPENDRE À UNE BRANCHE D'ARBRE. IL S'AGIT D'UNE SIMPLE

LE SINGE À NOIX

DÉCOUPE À DEUX DIMENSIONS, COMME POUR LE JARDINIER SILENCIEUX ET L'ÉCUREUIL ESPIÈGLE (VOIR PAGES 38 ET 41). AU MILIEU DE LA PARTIE CENTRALE DU CORPS, UNE LONGUE OUVERTURE EST PRATIQUÉE DANS LAQUELLE ON SUSPEND UNE MANGEOIRE PLEINE DE NOIX; TROIS GOUJONS SONT PLACÉS TOUT PRÈS POUR SERVIR DE PERCHOIRS. UNE QUEUE DISTINCTE EST AJOUTÉE DANS LE DOS. LE SINGE À NOIX QUI SE BALANCE EST IDÉAL POUR CEUX QUI SOUHAITENT AJOUTER UNE TOUCHE D'EXOTISME À LEUR COUR.

Le plan correspondant à ce modèle est présenté à la page 108.

Ce modèle est conçu pour suspendre une mangeoire grillagée. Vous pouvez également utiliser un sac-filet, comme ceux que l'on trouve dans les centres de jardinage ou les animaleries. Présentées de cette façon, les graines de tournesol ou de chardon (graines du Niger) attirent plusieurs espèces de petits oiseaux, comprenant les chardonnerets des pins, les roselins pourprés et les chardonnerets jaunes. Durant l'hiver, mettez du suif ou du beurre d'arachides dans un sac suspendu: cette source d'énergie remplace aisément les insectes que les oiseaux mangent le reste de l'année. Ainsi, certains visiteurs intéressants, tels les sittelles, les geais bleus, les pics flamboyants et les oiseaux moqueurs, ne manqueront pas de fréquenter votre jardin.

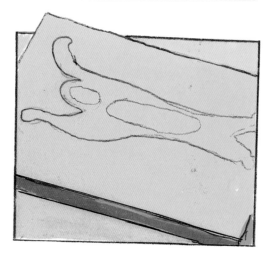

1 Tracez la forme du singe, y compris l'ovale du centre, sur le panneau de FDM ou de contre-plaqué à l'aide du plan qui se trouve à la page 108.

3 Percez deux trous pour les lanières de cuir, trois trous pour les goujons-perchoirs, un orifice pour la queue, et un trou de dégagement pour commencer la découpe de l'ovale du centre. Découpez l'ovale.

2 Avec la scie à découper ou la scie sauteuse, découpez la forme du singe. Faites des trous de dégagement à chaque coin de la forme rectangulaire centrale pour permettre à la scie sauteuse de tourner les coins serrés.

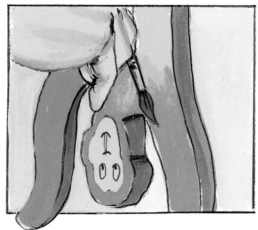

4 Sablez les bords rugueux et appliquez sur le panneau de FDM une couche de peinture lustrée ou de vernis-teinture de couleur brun foncé . Quand la couche de base est complètement sèche, peindre les détails du visage.

5 Ajoutez le crochet central pour le filet à nourriture et les deux lanières de cuir, et collez les goujons-perchoirs aux endroits appropriés. Tressez les lacets avec le fil métallique pour former la queue, et fixez celle-ci à l'endroit prévu avec un petit bout de goujon.

6 Suspendez le singe à une branche à l'aide des lanières de cuir, et accrochez au centre une mangeoire grillagée ou un filet rempli de cacahuètes.

Quoi de mieux pour offrir des cacahuètes à vos amis les oiseaux, que de les confier à un gentil singe suspendu à une branche, qui ajoutera une touche d'exotisme à votre jardin!

VOUS POUVEZ FIXER UNE

REMISE MINIATURE À LA REMISE QUI SE

TROUVE DÉJÀ DANS VOTRE COUR, AFIN DE

POUVOIR Y OBSERVER LE COMPORTEMENT

DES OISEAUX GRÂCE À UN JUDAS DE

SÉCURITÉ. FAITE DE BOIS FRANC ET DE

PETITES DIMENSIONS, LA REMISE EST

RAYÉE DE LIGNES QUI IMITENT LES

PLANCHES DES REMISES VÉRITABLES.

LES MATÉRIAUX

- 1 m de pin raboté de 175 x 280 mm
- Un panneau de contre-plaqué d'extérieur de 300 x 300 mm et de 3 mm d'épaisseur
- Un morceau de feutre-toiture de 300 x 150 mm
- Des clous à tête de diamant
- Des clous de 18 mm
- Des restes de bois
- De la colle de menuisier
- Un produit de préservation du bois
- De la peinture noire
- Un judas de sécurité
- Du papier sablé

LES OUTILS

- Une règle
- Une équerre
- Un trusquin
- Une scie à dos
- Un ciseau à bois de 25 mm
- Quatre serre-joints à barre ou serre-joints en "C" de 200 mm
- Des fraises de 25 et 12,5 mm
- Une perceuse électrique
- Un rabot
- Une alêne
- Un petit marteau
- Un couteau d'artiste
- Une règle de métal

LA REMISE MINIATURE

SA TOITURE EST INCLINÉE POUR QUE LE

NID RESTE SEC ET UN DISPOSITIF EST

PRÉVU POUR FIXER LE NICHOIR À UNE PLUS

GRANDE REMISE, DE MANIÈRE À FAVORISER

L'OBSERVATION DES OISEAUX NICHEURS.

L'UTILITÉ

- Ce nichoir peut convenir à de très petits oiseaux, comme les mésanges à tête noire et les troglodytes familiers. Placez le nichoir à 1,5 - 4,5 m au-dessus du sol en bordure de votre pelouse ou, si possible, près des bois. Si vous pratiquez un orifice d'entrée de 32 mm, vous pourrez attirer des troglodytes de Bewick, des troglodytes de Caroline, des mésanges, des sittelles et des pics mineurs. Vous pouvez aider les oiseaux à emménager en leur fournissant des matériaux de nidification. Les troglodytes aiment particulièrement les brindilles, alors coupez de petits morceaux de branches et placez-les tout près du nichoir. Vous leur ferez également plaisir en leur offrant un panier rempli de bouts de fil de 150 mm, d'un peu de mousse, de coton, de cheveux et de laine.

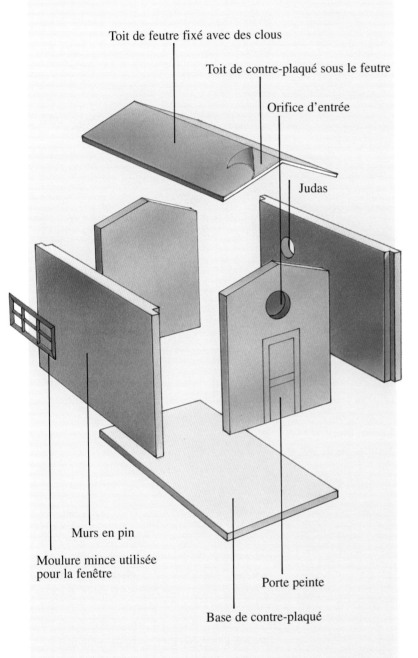

Toit de feutre fixé avec des clous

Toit de contre-plaqué sous le feutre

Orifice d'entrée

Judas

Murs en pin

Moulure mince utilisée
pour la fenêtre

Porte peinte

Base de contre-plaqué

LA MÉTHODE

1 Marquez deux longueurs de 300 mm et deux longueurs de 150 mm sur la planche de pin, et découpez-les avec la scie à dos.

2 Dessinez et sciez les pentes pour le toit sur les deux morceaux plus petits, et rognez jusqu'à la ligne à l'aide d'un rabot.

3 Avec le trusquin, marquez les feuillures sur les plus longs morceaux de pin.

4 Découpez des feuillures de 216 mm de longueur et de 23 mm de largeur avec une scie à dos, et si nécessaire, rognez la feuillure à l'aide d'un ciseau à bois. Faites un retrait d'environ 2 mm de plus que l'épaisseur du bois pour l'assemblage.

Ce diagramme montre comment les divers éléments sont assemblés. Pour les dimensions de coupe, voir le plan à la page 111.

5 En vous guidant à l'aide d'une règle de métal, tracez avec l'alêne une série de lignes parallèles espacées également sur les côtés du nichoir.

6 Avec les fraises et la perceuse électrique, percez un trou de 25 mm de diamètre au-dessus de la porte de la façade pour l'orifice d'entrée des oiseaux et un trou dans un des côtés ou à l'arrière pour l'emplacement du judas de sécurité, lequel vous permettra d'observer les oiseaux.

7 Collez et assemblez les quatre côtés avec les clous à tête de diamant, et serrez la pièce assemblée avec le serre-joint à barre ou le serre-joint en 'C'. Vérifiez à l'aide d'une équerre que les côtés forment un angle de 90°.

8 Rabotez l'excès de bois sur les côtés assemblés et sur les longs côtés pour les aligner avec la pente du toit.

9 Poncez les bords et les surfaces rugueuses avec du papier sablé de grain moyen.

BIEN QUE CES NICHOIRS SOIENT DE FORME TRADITION-NELLE, VOUS POUVEZ LES PERSONNALISER EN LES PEIGNANT À VOTRE FANTAISIE. LES DEUX NICHOIRS ILLUSTRÉS CI-DESSUS ONT UN ASPECT PRINTANIER CHARMANT.

10 Avec une scie à dos, découpez trois morceaux de contre-plaqué: un morceau de 300 x 150 mm pour le fond; et deux de 300 x 80 mm pour le toit.

11 Collez et clouez les morceaux de contre-plaqué à la charpente du nichoir, et enlevez si nécessaire l'excès de bois avec un rabot.

12 Collez et clouez le feutre-toiture sur le toit de contre-plaqué, et enlevez l'excès avec le couteau d'artiste.

13 Découpez des retailles de bois ou un morceau de moulure mince en deux morceaux de 100 x 5 mm et trois morceaux de 50 x 5 mm.

14 Collez les cinq morceaux sur le mur, en leur donnant la forme d'une fenêtre.

15 Appliquez sur les côtés et le fond une couche de produit de préservation du bois.

16 Dessinez la porte.

17 Peignez la porte et la fenêtre en noir pour en accentuer les détails.

18 Insérez le judas dans le mur de votre hangar et dans le nichoir.

Vous pouvez placer le nichoir dans la fourche d'un arbre, comme l'illustre la photo ci-contre, ou le fixer à un mur de votre hangar, assez loin de la porte pour éviter que vos allées et venues dérangent les oiseaux nicheurs. Si vous placez le nichoir dans un arbre, il vous sera inutile d'installer un judas dans un des murs latéraux.

CETTE INGÉNIEUSE MANGEOIRE EST

INSPIRÉE DU

SERVITEUR MUET QU'ON

VOYAIT SOUVENT DANS LES

COULOIRS DES DEMEURES VICTORIENNES

ET QUI SERVAIT À RECEVOIR LE COURRIER.

DANS NOTRE CAS, CEPENDANT, IL S'AGIT

D'UN JARDINIER SILENCIEUX QUI PRÉSENTE

UN PLATEAU DE NOURRITURE AUX

OISEAUX. SA SILHOUETTE AMUSANTE

AGRÉMENTERA UN COIN TRANQUILLE DE

VOTRE JARDIN, TOUT EN PERMETTANT AUX

LES MATÉRIAUX

- Un panneau de 1,2 m x 1,2 m de FDM d'extérieur de 25 mm d'épaisseur
- Un panneau de 300 mm x 300 mm de FDM d'extérieur de 18 mm d'épaisseur
- Des vis nickelées de 50 mm
- De la colle de menuisier
- De la peinture d'extérieur
- Un produit de préservation du bois d'extérieur
- Du papier sablé

LES OUTILS

- Une scie sauteuse
- Un rabot
- Une perceuse électrique, une fraise angulaire et une mèche à bois
- Une vastringue
- Une équerre
- Un mètre à ruban et un crayon
- Un tournevis
- Des pinceaux

LE JARDINIER SILENCIEUX

OISEAUX DE SE NOURRIR EN PAIX. CETTE

MANGEOIRE CONSISTE EN FAIT EN UNE

SIMPLE DÉCOUPE DE BOIS, SUR LAQUELLE

ON APPLIQUE DE LA PEINTURE POUR LA

PROTÉGER DES INTEMPÉRIES. IL S'AGIT

D'UN PROJET FACILE ET RAPIDE À

RÉALISER.

L'UTILITÉ

- Cette mangeoire attirera plusieurs espèces d'oiseaux dans votre jardin. Vous pourrez commencer par y placer des mélanges de graines pré-emballés, quoique vous ferez bien de les compléter avec des graines de tournesol, des cacahuètes et du millet. Les cardinaux, les roselins, les mésanges à tête noire, les mésanges, les geais et les sittelles adorent les graines de tournesol servies sur un plateau comme celui-ci. Vous pourrez également y placer des bananes pour essayer d'attirer les passerins indigos, les parulines polyglottes, les geais et les oiseaux moqueurs, ou des raisins pour attirer les merles bleus, les rouges-gorges et les fauvettes. Les tranches de pommes sont très populaires auprès des oiseaux moqueurs, des pics et des roselins.

La Méthode

1 Sur un côté du panneau de FDM de 25 mm d'épaisseur, tracez la forme du jardinier à partir du plan présenté à la page 109.

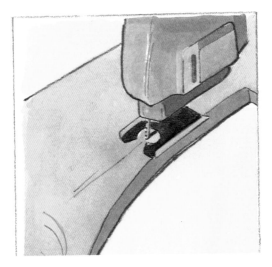

2 Découpez soigneusement le long des lignes avec une scie sauteuse. Faites plusieurs trous de dégagement dans les coins serrés pour empêcher que la lame se coince.

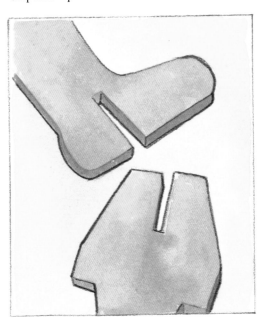

3 Préparez le piquet du pied de la même façon avec le reste du panneau de FDM le plus épais. Découpez une encoche dans le bas de la botte du jardinier et une autre sur le dessus du piquet. Les deux encoches doivent se trouver au centre et avoir une profondeur d'environ 150 mm. Elles doivent avoir une largeur de 25 mm pour que les deux pièces forment un joint solide.

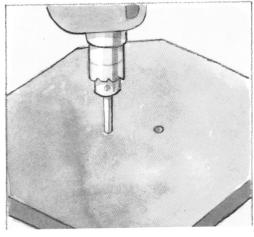

4 Ensuite, faites le plateau à nourriture dans le panneau de FDM le plus mince (18 mm). Taillez les coins en onglet pour lui donner une forme plus compacte. Percez deux trous dans le centre pour pouvoir visser le plateau dans la main du personnage.

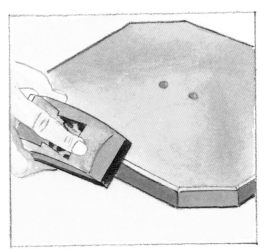

5 Taillez tout le tour de la bordure supérieure en biseau avec un rabot ou une cale à poncer.

Une sorcière d'Halloween attrayante et originale, sur laquelle les oiseaux peuvent se percher.

6 Utilisez une vastringue pour arrondir les deux côtés du bord découpé de la silhouette, et sablez légèrement toute la surface.

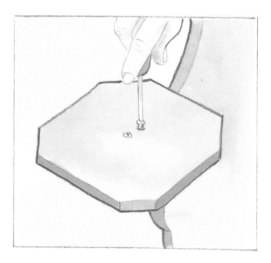

7 Vissez et collez le plateau.

8 Appliquez sur le FDM de la peinture coquille d'oeuf ou de la peinture lustrée d'extérieur de différentes couleurs. Traitez le piquet du pied avec un produit de préservation du bois. Plantez le piquet dans le sol, et emboîtez la silhouette du jardinier dans le piquet.

Le plan correspondant à ce modèle est présenté à la page 109.

Facile à réaliser, cette mangeoire sera un ajout amusant à n'importe quel jardin.

LES MATÉRIAUX

• Un panneau de 500 x 350 mm de FDM de 25 mm d'épaisseur de qualité Extérieur
• 600 mm de fil d'acier de 3 mm de diamètre
• Un goujon en bois franc de 10 mm de diamètre et de 200 mm de long
• Du papier sablé
• Un vernis de préservation du bois
• Un pot de terre cuite de 75 mm de diamètre
• Un adhésif en aérosol
• Une grande feuille de papier
• De la peinture

LES OUTILS

• Une scie sauteuse
• Une perceuse électrique
• Une mèche hélicoïdale de 10 mm
• Une mèche hélicoïdale de 5 mm
• Un serre-joint en 'C'
• Des limes à dégrossir: une ronde, une demi-ronde
• Une scie à dos
• Des pinces
• Des pinceaux
• Des cisailles

LES ÉCUREUILS DÉROBENT SOUVENT LA NOURRITURE QUE VOUS DESTINEZ AUX OISEAUX AVANT MÊME QUE CEUX-CI Y AIENT EU ACCÈS. NOTRE ÉCUREUIL ESPIÈGLE EST UNE PETITE PLAISANTERIE VISUELLE INSPIRÉE DE CETTE IDÉE: IL TIENT UN POT

L'ÉCUREUIL ESPIÈGLE

DE TERRE CUITE ENTRE SES PATTES, ET C'EST LUI QUI, POUR UNE FOIS, OFFRE LA NOURRITURE AUX OISEAUX. COMME LE MODÈLE DU JARDINIER SILENCIEUX (VOIR À LA PAGE 38), IL S'AGIT D'UNE SIMPLE DÉCOUPE EN DEUX DIMENSIONS, RÉALISÉE DANS UN PANNEAU DE FDM D'EXTÉRIEUR À L'AIDE D'UNE SCIE SAUTEUSE. IL PEUT ÊTRE FIXÉ À UN ARBRE, À UN POTEAU OU À UNE CLÔTURE.

L'UTILITÉ

Fixée à un mur ou à un arbre, cette mangeoire très simple ornera agréablement votre jardin. Vous vous amuserez à voir les oiseaux prendre la nourriture entre les pattes d'un écureuil: ce sera là une intéressante inversion des rôles traditionnels de ces habitués du jardin. Remplissez le contenant de nourriture commerciale pour oiseaux, ou ajoutez des friandises pour attirer certains oiseaux particuliers. Les pics et les sittelles qui montent et descendent le long des troncs seront heureux de manger des graines de tournesol et des morceaux de suif à cette mangeoire. Les geais se hâteront d'y saisir des cacahuètes. Comme le contenant est relativement petit, il est important de le nettoyer régulièrement.

LA MÉTHODE

1 Tracez la forme de l'écureuil sur une feuille de papier en vous référant au plan présenté à la page 125. À l'aide de l'adhésif en aérosol, collez le papier sur le panneau de FDM de 25 mm.

2 Fixez le panneau à votre surface de travail avec le serre-joint, en laissant une partie dépasser du bord.

3 Découpez autour de la silhouette avec une scie sauteuse munie d'une lame très fine.

4 Limez les bords du FDM pour enlever les traits de scie.

5 Marquez l'emplacement des orifices pour les goujons, et percez des trous avec une mèche hélicoïdale de 10 mm.

6 Coupez deux longueurs de 100 mm dans le goujon de 10 mm pour les supports à courroies.

7 Percez, dans le bras inférieur de l'écureuil, deux trous de 5 mm de diamètre distancés de 25 mm.

8 Coupez deux bandes de fil d'acier d'une longueur de 300 mm avec une paire de pinces ou des cisailles.

9 À l'aide des pinces, pliez l'une des bandes autour d'un pot ou d'un objet circulaire de même diamètre que le pot de terre cuite. Tordez les extrémités ensemble et coupez l'excès; laissez une queue d'environ 30 mm. Faites la même chose avec la deuxième bande.

10 Réunissez les deux anneaux de fil d'acier, et insérez les queues dans les deux trous de 6 mm.

11 Sablez, et appliquez une couche de vernis de préservation de couleur rouge ou brune.

12 Accentuez les détails en appliquant de la peinture à l'aide d'un petit pinceau à tableau.

13 Insérez deux goujons de 10 mm et attachez l'écureuil à un arbre avec des courroies.

Cette mangeoire vous permettra de passer des heures agréables à observer les oiseaux, surtout si les écureuils essaient de prendre part au festin. Le plan correspondant à ce modèle est présenté à la page 125.

CETTE MANGEOIRE

OUVERTE SUR LES CÔTÉS A

UN TOIT CARACTÉRISTIQUE EN IMITATION

DE BARDEAUX DE CÈDRE; FAIT DE

BAGUETTES DE BOIS FRANC DISPOSÉES EN

QUINCONCE SUR UNE BASE DE CONTRE-

PLAQUÉ, LE TOIT PRÉSENTE UN AGRÉABLE

CONTRASTE AVEC LE RESTE DE LA

STRUCTURE PEINTE EN BLANC. LES

LES MATÉRIAUX

• Un panneau de contre-plaqué d'extérieur de 1,2 m x 1,2 m et de 12,5 mm d'épaisseur
• Des baguettes de bois tendre de 25 x 30 mm
• Une baguette de bois tendre de 30 x 30 mm
• Des baguettes de bois tendre de 25 x 6 mm pour les bardeaux du toit
• Du bois tendre de 30 x 6 mm pour les moulures
• Des retailles de contre-plaqué d'extérieur de 9 mm
• Des clous à tête de diamant
• De la colle de menuisier
• Du papier sablé

• Du produit de préservation du bois ou du vernis d'extérieur
• De la peinture lustrée
• Un pot à eau

LES OUTILS

• Une toupie, un guillaume et une mèche décorative
• Une scie sauteuse
• Une perceuse, une mèche
• Une scie rigide
• Un rabot
• Une équerre
• Un mètre à ruban et un crayon
• Un marteau
• Un pinceau

LE CHALET SUISSE

COLONNES CARRÉES S'INSÈRENT DANS LA

BASE RECTANGULAIRE ET DES MOULURES

SONT DÉCOUPÉES EN FORME DÉCORATIVE,

À LA SCIE SAUTEUSE OU À LA SCIE À

DÉCOUPER, POUR DONNER DE JOLIS

PIGNONS. LA BASE COMPREND UN ORIFICE

DESTINÉ À RECEVOIR UN POT D'EAU.

CETTE MANGEOIRE PRATIQUE ET

ATTRAYANTE PEUT ÊTRE FIXÉE À UN MUR

OU PLACÉE SUR UN POTEAU.

L'UTILITÉ

• Destinée à contenir de la nourriture et de l'eau, cette mangeoire à fonctions multiples deviendra vite très populaire auprès des oiseaux de la région. Elle est particulière-ment pratique en hiver, parce que son toit protège les graines contre la pluie et la neige. L'intérêt de ce type de mangeoire est qu'elle convient à une grande variété d'espèces: les mésanges à tête noire, les mésanges, les cardinaux, les geais, les colombes, les roselins, les pics, les gros-becs et les bruants à couronne blanche. Ajoutez de la nourriture diffé-rente à l'alimentation de base pour voir quels types d'oiseaux vous attirerez. Les merles bleus, les passerins indigos, les roselins pourprés et les roitelets, par exemple, adorent les pacanes.

1 Découpez la base dans le panneau de contre-plaqué avec la scie sauteuse.

2 À l'aide d'une toupie ou d'un guillaume, formez une feuillure dans la baguette de bois de 30 x 25 mm, et découpez celle-ci aux dimensions des quatre côtés de la base. Taillez les extrémités en onglets pour obtenir de beaux joints. Vous pouvez tailler les bords supérieurs extérieurs en biseau avec un rabot, ou façonner une moulure décorative avec une toupie.

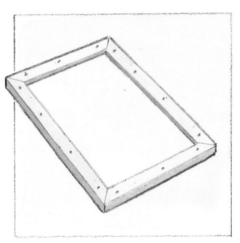

3 Fixez les baguettes de la bordure à la base avec des clous à tête de diamant et de la colle.

Ce diagramme montre comment les divers éléments sont assemblés. Pour les dimensions de coupe, voir le plan à la page 112.

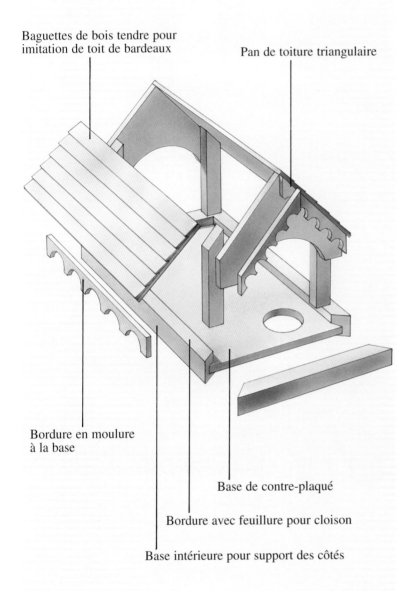

Baguettes de bois tendre pour imitation de toit de bardeaux

Pan de toiture triangulaire

Bordure en moulure à la base

Base de contre-plaqué

Bordure avec feuillure pour cloison

Base intérieure pour support des côtés

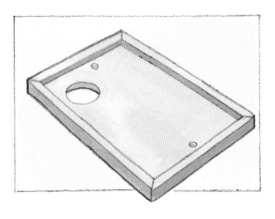

4 Découpez un orifice pour le pot à eau et percez un trou de drainage à chaque extrémité.

5 Suivez le plan à la page 112, ou faites un gabarit en carton de la moitié d'une arche, et tracez la forme complète de l'arche en inversant le carton sur le contre-plaqué.

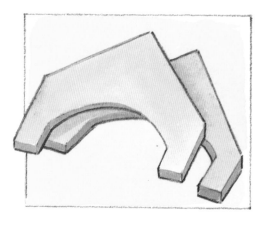

6 Découpez les deux arches à la scie sauteuse.

7 Découpez les quatre colonnes à leur dimension exacte dans la baguette de bois de 30 mm.

8 Découpez quatre morceaux de contre-plaqué pour la toiture, et assemblez les colonnes et les morceaux de l'arche.

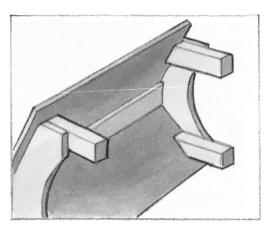

9 Fixez une pièce de bois tendre chanfreinée à l'intérieur du joint de la toiture pour lui donner un support additionnel.

10 Collez de petites pièces décoratives chantournées sur les côtés extérieurs de chacune des colonnes et alignez-les avec la toiture.

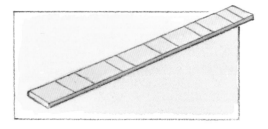

11 Pour réaliser la toiture de bardeaux, faites de légers traits de scie au hasard dans les baguettes de la toiture.

TRANSFORMEZ VOTRE CHALET SUISSE EN UNE MANGEOIRE À PLUSIEURS NIVEAUX EN AJOUTANT DES CROCHETS SUR LES CÔTÉS POUR Y SUSPENDRE DES SACS DE GRAINES.

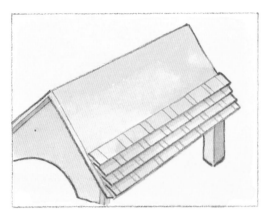

12 Fixez les baguettes à la toiture avec des clous à tête de diamant et de la colle, en ajustant chaque baguette de façon qu'elle soit parallèle à la pièce adjacente.

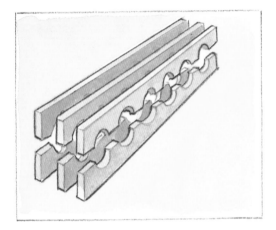

13 Dessinez sur du carton un motif répétitif circulaire pour l'ornement et transférez-le sur les quatre baguettes de bois tendre. Ou bien, faites des trous de 25 mm espacés régulièrement dans une longueur de 62 x 25 mm de bois tendre. Puis, découpez le bois sur le sens de la longueur avec une scie rigide, et découpez les sections minces en deux, dans les trous, pour obtenir le motif semi-circulaire.

14 Collez des épis de faîtage en forme de diamants à chaque extrémité de la toiture.

La mangeoire sera particulièrement attrayante si vous appliquez la couleur de votre choix sur la base, les poteaux et les arches décoratives, et un produit de préservation du bois de la teinte du cèdre sur les baguettes de la toiture.

• Un panneau de 1000 x 350 mm de FDM de 15 mm d'épaisseur de qualité Extérieur
• Un panneau de contre-plaqué d'extérieur de 800 x 250 mm et de 4 mm d'épaisseur
• Une longueur de 150 mm de bois tendre de 75 x 50 mm
• Des clous à tête de diamant
• De la colle de menuisier
• Un apprêt, une sous-couche et une peinture de finition
• Du papier sablé

• Une scie sauteuse
• Un rabot
• Une fausse équerre à coulisse
• Une perceuse électrique
• Une mèche plate de 30 mm
• Une scie à dos
• Un serre-joint en 'C'
• Un marteau
• Un couteau d'artiste
• Des pinceaux
• Un crayon
• Une règle de métal

CETTE CHARMANTE MAISON DE VILLE DU SUD DES ÉTATS-UNIS, AVEC SES PLANCHES À CLIN PEINTES ET SA TOITURE EN TUILES, A UN ASPECT TOUT À FAIT TRADITIONNEL. VOUS OBTIENDREZ L'APPARENCE DU REVÊTEMENT À CLIN EN DÉCOUPANT DES RAINURES SUPERFICIELLES

LE STYLE SAVANNAH

DANS LE BOIS AVEC UNE SCIE À DOS, DE LA MÊME FAÇON QUE POUR LE PONT DE L'ARCHE DE NOÉ (VOIR PAGE 96). LES FENÊTRES DU REZ-DE-CHAUSSÉE, LA PORTE ET LA CLÔTURE EN LATTES VERTICALES SONT TOUTES FAITES DE RETAILLES DE BOIS FRANC COLLÉES SUR LA STRUCTURE. LES LUCARNES ET LE PETIT PORCHE AVANT AJOUTENT UNE TOUCHE DE CHARME À L'ENSEMBLE.

Grâce à son orifice d'entrée de 32 mm de diamètre dans la façade, ce nichoir convient à diverses espèces d'oiseaux, notamment les sittelles à poitrine blanche, les mésanges bicolores et les troglodytes de Caroline. Ces oiseaux aiment les nichoirs dont la surface de plancher est d'au moins 100 mm x 100 mm et la profondeur de 200 mm, avec un orifice d'entrée se situant entre 150 et 200 mm au-dessus du plancher. Un nichoir légèrement plus gros, avec un orifice d'entrée d'environ 38 mm de diamètre attirera les merles bleus; si l'orifice d'entrée a un diamètre de 500 mm, le nichoir conviendra à des oiseaux de plus grande taille, comme les pics chevelus, les pics mineurs et les hirondelles.

Rainures superficielles tracées à la scie

Côtés de la maison découpés dans le panneau de FDM

Toiture

Lucarne en bois tendre

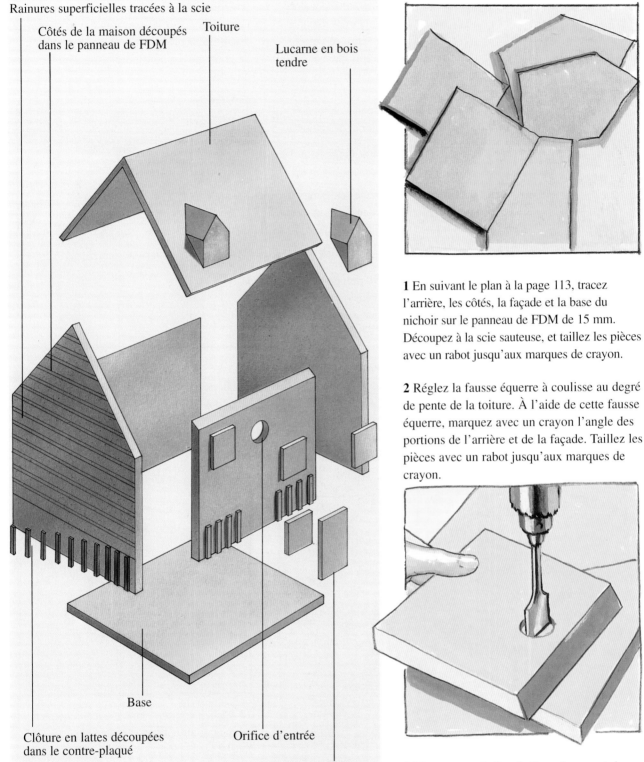

Base

Clôture en lattes découpées dans le contre-plaqué

Orifice d'entrée

Porte et fenêtres découpées dans le contre-plaqué

Ce diagramme montre comment les divers éléments sont assemblés. Pour les dimensions de coupe, voir le plan à la page 113.

LA MÉTHODE

1 En suivant le plan à la page 113, tracez l'arrière, les côtés, la façade et la base du nichoir sur le panneau de FDM de 15 mm. Découpez à la scie sauteuse, et taillez les pièces avec un rabot jusqu'aux marques de crayon.

2 Réglez la fausse équerre à coulisse au degré de pente de la toiture. À l'aide de cette fausse équerre, marquez avec un crayon l'angle des portions de l'arrière et de la façade. Taillez les pièces avec un rabot jusqu'aux marques de crayon.

3 Marquez sur la façade l'emplacement de l'orifice d'entrée, et découpez celui-ci en vous servant de la perceuse et d'une mèche plate de 30 mm.

4 Avec un crayon ou un couteau, tracez des lignes horizontales parallèles à environ 10 mm de distance les unes des autres sur les quatre côtés du nichoir. Puis, découpez des rainures superficielles avec une scie à dos, en vous guidant avec une retaille de bois que vous maintiendrez en place avec le serre-joint en 'C'.

5 Assemblez la base et les côtés du nichoir avec de la colle de menuisier et des clous à tête de diamant de 30 mm.

6 Tracez et découpez avec une scie sauteuse les deux morceaux du toit dans le contre-plaqué de 4 mm, et taillez les bords avec un rabot.

7 Dans une longueur de 150 mm de bois tendre de 50 x 75 mm (dimension finie de 45 x 72 mm) tracez à chaque extrémité la façade d'une lucarne. Enlevez l'excès de bois avec un rabot.

8 À l'aide de la fausse équerre à coulisse déjà réglée, déterminez l'angle de la toiture des lucarnes et découpez-les avec la scie à dos.

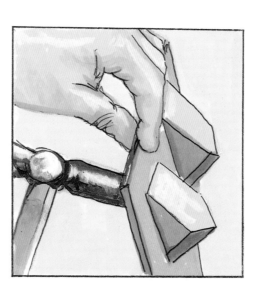

9 Collez et clouez les lucarnes sur l'une des pentes de la toiture. Utilisez des clous à tête de diamant de 15 mm.

10 Collez et clouez la toiture à sa place.

11 Sur le contre-plaqué qui reste, dessinez un rectangle pour la porte, des carrés pour les fenêtres et des lisières pour la clôture en lattes. Découpez les morceaux avec une scie à dos, et sablez les bords avec du papier sablé de grain moyen pour faire disparaître les traits de scie.

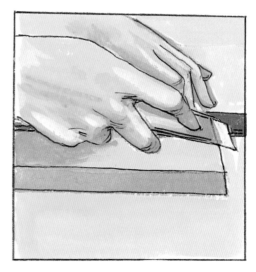

12 Avec un couteau d'artiste et une règle en métal, découpez des lignes verticales sur la porte pour donner un effet de planches.

13 Poncez vigoureusement avec du papier sablé de grain moyen et collez la porte, les fenêtres et la clôture.

14 Appliquez une couche d'apprêt, laissez sécher, poncez avec du papier sablé de grain fin, puis appliquez la sous-couche.

LE MODÈLE DE CE NICHOIR-COTTAGE DE STYLE VICTORIEN RESSEMBLE BEAUCOUP À CELUI DU NICHOIR DE STYLE SAVANNAH; LES DIFFÉRENCES TIENNENT À LA DÉCORATION ET À L'AJOUT DE CERTAINS ACCESSOIRES.

Appliquez sur le corps principal du nichoir, sur les fenêtres et sur la toiture, une couche de peinture d'extérieur de la couleur de votre choix; puis, avec un pinceau d'artiste et de la peinture blanche, peignez soigneusement des carrés pour obtenir un effet de fenêtres à carreaux.

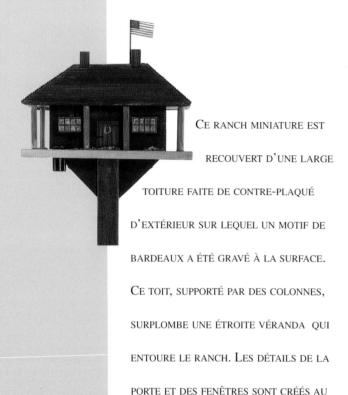

CE RANCH MINIATURE EST

RECOUVERT D'UNE LARGE

TOITURE FAITE DE CONTRE-PLAQUÉ

D'EXTÉRIEUR SUR LEQUEL UN MOTIF DE

BARDEAUX A ÉTÉ GRAVÉ À LA SURFACE.

CE TOIT, SUPPORTÉ PAR DES COLONNES,

SURPLOMBE UNE ÉTROITE VÉRANDA QUI

ENTOURE LE RANCH. LES DÉTAILS DE LA

PORTE ET DES FENÊTRES SONT CRÉÉS AU

LE RANCH

MOYEN DE PETITES MOULURES COLLÉES,

ET LA MANGEOIRE ELLE-MÊME EST PLACÉE

SUR UN POTEAU SOLIDE, AVEC DES

SUPPORTS VISSÉS DANS LA BASE. UN TROU

EST PERCÉ À LA BASE DU PORCHE AFIN D'Y

INSÉRER UN PETIT CONTENANT À EAU. LE

RANCH EST PEINT EN ROUGE ET LE TOIT

EST DE COULEUR CHAMOIS.

LES MATÉRIAUX

- Un panneau de 1000 x 500 mm de FDM d'extérieur de 15 mm d'épaisseur
- Un panneau de contre-plaqué d'extérieur de 1000 x 500 mm et de 3 mm d'épaisseur
- Un goujon en bois franc de 1,2 m de long et de 12,5 mm de diamètre
- Une longueur de 50 x 50 mm de bois tendre raboté
- Une retaille de bois tendre de 100 mm de long, de dimensions finies de 22 x 30 mm
- Du papier sablé
- Un produit de préservation du bois ou un vernis d'extérieur
- De la colle de menuisier
- Des clous à tête de diamant
- Deux vis nickelées à tête noyée n° 10 de 75 mm
- Un contenant de plastique pour rouleau de film

LES OUTILS

- Une scie sauteuse
- Une perceuse électrique
- Une mèche hélicoïdale de 12,5 mm
- Une mèche plate de 32 mm
- Une équerre à onglet ou une fausse équerre à coulisse
- Un marteau
- Une scie à dos
- Un ciseau à bois
- Un maillet
- Des pinceaux
- Un tournevis
- Un rabot

L'UTILITÉ

- Grâce à l'étroite véranda qui caractérise ce modèle, seuls de petits oiseaux, comme les roselins familiers, les chardonnerets jaunes, les sittelles et les mésanges à tête noire viendront s'y nourrir. Les pics mineurs peuvent toutefois s'accrocher au bord pour y piquer des graines. Comme pour toutes les mangeoires, il est important d'enlever régulièrement l'excédent de nourriture et les enveloppes de graines rejetées pour empêcher que le plateau soit infesté d'insectes, de champignons ou de bactéries qui pourraient transmettre des maladies aux oiseaux.

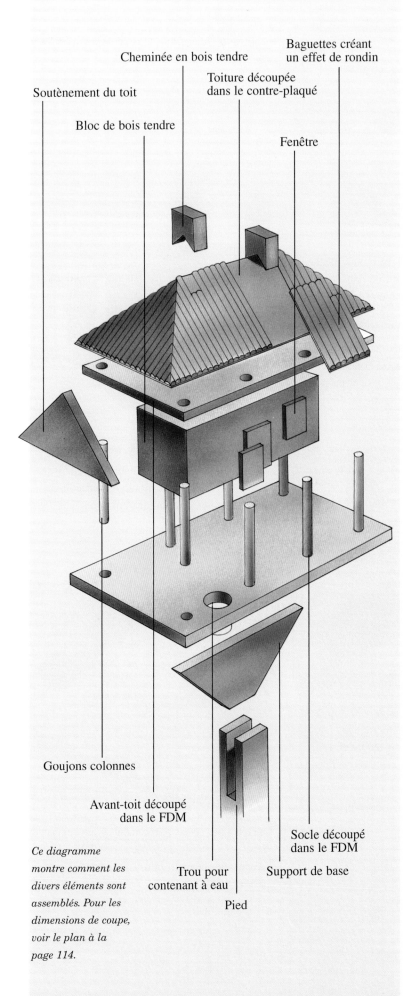

Cheminée en bois tendre

Baguettes créant
un effet de rondin

Toiture découpée
dans le contre-plaqué

Soutènement du toit

Fenêtre

Bloc de bois tendre

Goujons colonnes

Avant-toit découpé
dans le FDM

Socle découpé
dans le FDM

Support de base

Trou pour
contenant à eau

Pied

*Ce diagramme
montre comment les
divers éléments sont
assemblés. Pour les
dimensions de coupe,
voir le plan à la
page 114.*

LA MÉTHODE

1 Tracez, puis découpez à l'aide de la scie sauteuse deux morceaux dans le FDM de 15 mm d'épaisseur pour le socle et l'avant-toit. Taillez avec un rabot jusqu'aux marques de crayon. Pour les dimensions de coupe, voir le plan à la page 114.

2 Tracez huit points sur le socle, à 32 mm du bord. Placez la planche de l'avant-toit sur le socle, et percez huit trous de 12,5 mm à travers les deux morceaux.

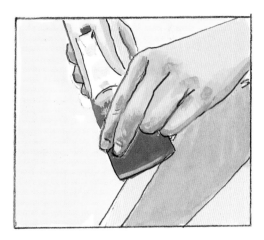

3 Avec un rabot, taillez les bords de l'avant-toit en biseau à un angle de 45°. Vérifiez l'exactitude du travail avec une équerre à onglet ou une fausse équerre à coulisse réglée à 45°.

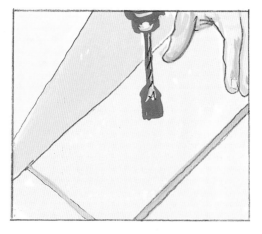

4 Avec la perceuse électrique et une mèche plate de 32 mm, percez un trou dans le socle pour le contenant à rouleau de film qui servira de contenant à eau.

5 Découpez trois morceaux dans le contre-plaqué de 3 mm pour la porte et les fenêtres; collez et clouez ces morceaux sur l'un des côtés du panneau en bois tendre de 250 x 100 x 100 mm.

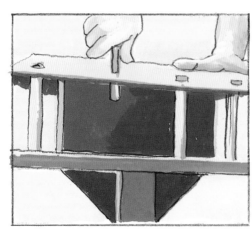

7 Collez et assemblez les huit longueurs de goujon avec le socle et l'avant-toit. Une fois la colle prise, utilisez un rabot pour enlever les extrémités des goujons qui dépassent dans l'avant-toit.

Cette création remarquable est la réplique d'un édifice véritable. Faite de bois, de métal et de miroir, elle a ensuite été peinte. Si le ranch était construit comme une vraie maison, plutôt que comme une mangeoire avec un bloc plein au centre, il pourrait ressembler à l'illustration ci-dessous.

6 Découpez huit longueurs de 130 mm dans le goujon de 12,5 mm de diamètre avec une scie à dos. Fixez le bloc de bois tendre au socle avec de la colle de menuisier et des clous à tête de diamant.

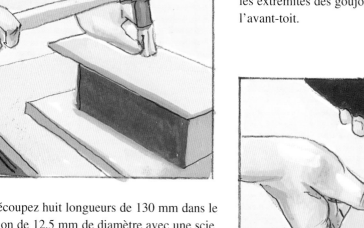

8 Découpez deux soutènements et un support de base dans le reste du panneau de FDM à l'aide d'une scie sauteuse. Finissez les bords avec un rabot.

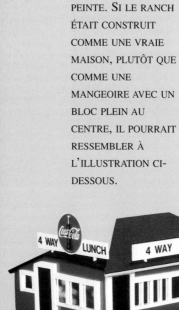

9 Découpez la toiture dans le contre-plaqué de 3 mm; collez et clouez les morceaux avec les soutènements. Enlevez l'excès avec un rabot. Découpez deux morceaux de bois tendre pour les cheminées, de 40 x 30 x 22 mm; taillez deux pièces en forme de 'V' selon un angle de 45° et collez-les sur la toiture. Utilisez des baguettes pour créer un effet de rondins.

10 Tracez et découpez une fente verticale de 100 mm de profondeur et de 15 mm de largeur dans l'extrémité supérieure du pied. Découpez verticalement avec une scie à dos, et évidez la section centrale avec un ciseau à bois de 15 mm. Appliquez de la colle dans la fente et insérez le support de la base.

11 Une fois la colle prise entre le pied et le support de base, percez deux trous de 5 mm dans ce dernier et vissez-le sous le socle.

12 Poncez avec du papier sablé de grain moyen, puis appliquez deux couches de produit de préservation du bois et décorez avec un drapeau.

Vous pouvez, si vous le désirez, utiliser de la peinture d'extérieur plutôt qu'un produit de préservation du bois.

SI VOUS VOULEZ QUE LES

OISEAUX DE VOTRE COUR

MÈNENT GRAND TRAIN, CE

NICHOIR DE CAMPAGNE DE STYLE ANGLAIS,

AVEC SES TROIS ÉTAGES PARFAITEMENT

SYMÉTRIQUES ET SON PETIT PORCHE

SOUTENU PAR DES COLONNES, EST IDÉAL.

LA MAÇONNERIE DE PIERRE DANS LES

LES MATÉRIAUX

- Un panneau de 1 m x 1 m de FDM d'extérieur de 12,5 mm d'épaisseur
- Un panneau de 400 x 400 mm de FDM d'extérieur de 18 mm d'épaisseur
- Un panneau de 300 x 300 mm de contre-plaqué de 3 mm d'épaisseur
- Un goujon de 175 mm de long et de 15 mm de diamètre
- Un reste de feutre-toiture
- Des clous à tête de diamant
- De la colle de menuisier
- Du papier sablé
- Des crampillons
- De la peinture d'extérieur

LES OUTILS

- Un rabot
- Un marteau
- Une scie sauteuse
- Une scie à dos
- Une perceuse électrique
- Une mèche plate de 32 mm de diamètre
- Un vilebrequin
- Une mèche à bois de 13 mm
- Un ciseau à bois de 25 mm
- Un maillet
- Une lime à dégrossir
- Des pinceaux
- Un pistolet agrafeur

LA MAISON DE CAMPAGNE

COINS EST RÉALISÉE AU MOYEN DE

DÉCOUPES DE BOIS. LA TOITURE EST FAITE

DE FEUTRE-TOITURE EXTÉRIEUR FIXÉ À

L'ENDROIT APPROPRIÉ. L'EFFET DE

PIERRES, SUR LA FAÇADE, EST PRODUIT PAR

UN DESSIN EXÉCUTÉ SUR LA SURFACE DU

PANNEAU, RÉALISÉ AVEC UNE PEINTURE

D'EXTÉRIEUR DE LA COULEUR DU GRÈS.

L'UTILITÉ

- Ce nichoir relativement grand peut attirer diverses espèces d'oiseaux, selon la dimension de l'orifice d'entrée. L'exemple illustré a un trou unique d'un diamètre de 32 mm situé à 150 mm au-dessus du socle. L'espace de nidification obtenu est suffisamment grand pour convenir au pic mineur, au troglodyte de Bewick et à la mésange bicolore. Un trou légèrement plus petit conviendra aux mésanges à tête noire et aux roitelets, tandis qu'un trou plus large attirera les hirondelles et les merles bleus. Si vous placez le nichoir dans un lieu boisé, et que vous pratiquez un trou de 75 mm de diamètre, un petit-duc maculé pourrait venir s'y percher ou s'y nicher.

Bordure décorative

Toiture recouverte
de feutre-toiture

Faîte de toiture avant

Trou borgne

Côtés du nichoir
découpés dans le FDM

Porte et fenêtres
découpées dans le
FDM

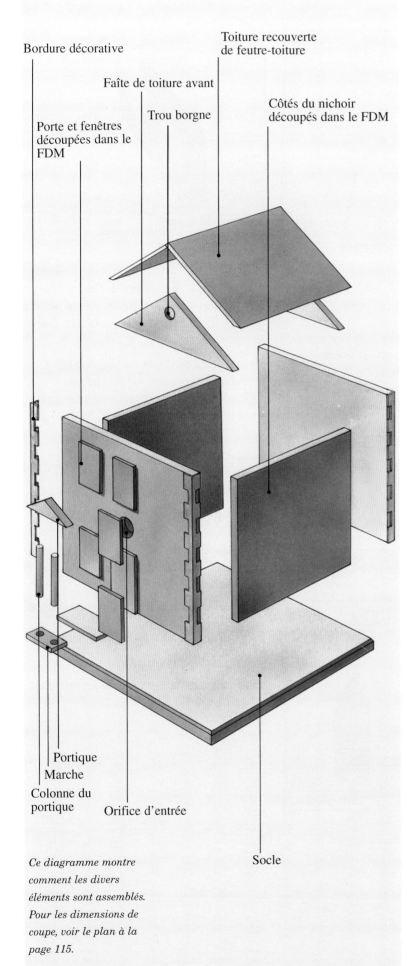

Portique

Marche

Colonne du
portique

Orifice d'entrée

Socle

*Ce diagramme montre
comment les divers
éléments sont assemblés.
Pour les dimensions de
coupe, voir le plan à la
page 115.*

LA MÉTHODE

1 Suivant le plan de la page 115, tracez les formes pour le socle et le toit du portique sur le panneau de FDM de 18 mm; pour les côtés, la façade, l'arrière et la toiture, utilisez le panneau de FDM de 12,5 mm; pour les marches du portique, les fenêtres et la porte, optez pour le panneau de FDM de 6 mm; pour les colonnes de 90 mm du portique, prenez le goujon de 15 mm de diamètre. Découpez le FDM le plus près possible des lignes tracées avec une scie sauteuse, et complétez avec un rabot. Sciez le goujon en bois franc avec une scie à dos.

2 Tracez un cercle au centre de la façade du nichoir; percez un trou avec une perceuse électrique et une mèche plate de 32 mm.

3 Taillez en biseau trois des côtés du socle à l'aide d'un rabot.

4 Assemblez tous les côtés et la toiture à l'aide de colle et de clous.

5 Au centre du faîte avant de la toiture, percez un trou borgne (qui ne traverse pas complètement le panneau) avec une mèche de 13 mm et un vilebrequin. (Une perceuse électrique pourrait être très difficile à contrôler et risquerait de percer complètement le panneau.)

6 Poncez avec soin le nichoir et les bords des marches, de la porte et des fenêtres avec un papier sablé de grain moyen.

7 Dans ce qui reste du panneau de contreplaqué de 3 mm, découpez huit bandes de 18 x 300 mm à l'aide d'une scie sauteuse munie d'une lame très fine; utilisez un rabot pour obtenir les dimensions exactes.

9 Appliquez de la colle sur les bandes et fixez-les aux coins du nichoir avec un pistolet agrafeur à usage industriel ou avec des clous à tête de diamant.

10 Appliquez de la colle sur la porte et les fenêtres, et fixez celles-ci aux endroits appropriés avec des crampillons ou des clous à tête de diamant.

11 Assemblez le portique en collant et en clouant les marches dans l'extrémité inférieure des goujons, et le porche dans l'extrémité supérieure.

12 Collez et clouez le portique à sa place.

13 Découpez le feutre-toiture avec un couteau d'artiste et posez-le sur la toiture à l'aide de clous ou de crampillons.

14 Appliquez sur le nichoir une couche d'apprêt, une sous-couche et une couche de peinture de finition; poncez légèrement entre chaque couche avec un papier sablé de grain fin.

15 Dessinez les détails des fenêtres en noir à l'aide d'un pinceau à tableau n° 6.

Réplique exacte de la maison historique Moore à Yorktown, en Virginie, ce nichoir a une forme carrée très simple, mais une grande attention a été apportée aux détails de la finition.

8 Avec un crayon, tracez des marques à intervalles de 30 mm, d'une profondeur de 9 mm (la moitié de la largeur de la bande); faites des traits avec une scie à dos et coupez avec un ciseau à bois de 25 mm et un maillet. Utilisez une lime à dégrossir pour éliminer les irrégularités.

Si plusieurs couples font leur nid dans ce magnifique nichoir, vous saurez qu'ils s'y sentent vraiment les bienvenus.

CE NICHOIR VERTICAL À DEUX ÉTAGES, D'ASPECT VIEILLOT, ATTIRERA AUSSI BIEN LES PETITS OISEAUX QUE LES GROS, ET VOUS POURRIEZ ÊTRE TÉMOIN D'INTÉRESSANTES DISPUTES POUR SA PROPRIÉTÉ. L'ÉCOLE PEUT ÊTRE RÉALISÉE À PARTIR DE FDM OU DE CONTRE-PLAQUÉ D'EXTÉRIEUR, ET UNE PETITE COUCHE DE PEINTURE LA

LES MATÉRIAUX

- Un panneau de 1 m x 1 m de FDM ou de contre-plaqué d'extérieur de 12,5 mm d'épaisseur
- Un goujon de 460 mm de long et de 6,5 mm de diamètre
- 25 cm de bois franc de 12,5 x 12,5 mm
- Des clous à tête de diamant
- De la colle de menuisier
- Deux vis nickelées à tête noyée n° 6
- Du papier sablé

LES OUTILS

- Une scie à dos
- Une scie sauteuse
- Une équerre
- Des scies à trou de 25 mm et de 38 mm
- Une toupie
- Un guillaume
- Un serre-joint en 'C'
- Un rabot
- Une perceuse électrique et des mèches assorties
- Un support pour perceuse
- Un marteau
- Un tournevis
- Des pinceaux

LA VIEILLE ÉCOLE

PROTÉGERA DES INTEMPÉRIES. VOUS OBTIENDREZ L'EFFET DE BARDAGE À CLIN EN TRAÇANT DES RAINURES HORIZONTALES AVEC UNE SCIE À DOS.

L'UTILITÉ

Selon la taille et l'emplacement de l'orifice d'entrée, ce nichoir conviendra à différentes espèces d'oiseaux. Si vous faites un trou de 50 mm, il sera idéal pour le pic à ventre roux ou le pic à tête rouge, quoiqu'il conviendra également aux étourneaux. Un trou légèrement plus petit, de 38 mm, attirera le pic chevelu ou le pic mineur. N'oubliez pas que dans la parade nuptiale des pics, creuser une cavité pour faire un nid est un élément important. Si vous voulez attirer des pics, remplissez le nichoir de copeaux de bois pour leur donner de la matière à enlever. Le trou de 38 mm attirera aussi les hirondelles à face blanche, les hirondelles bicolores, les mésanges et les merles bleus.

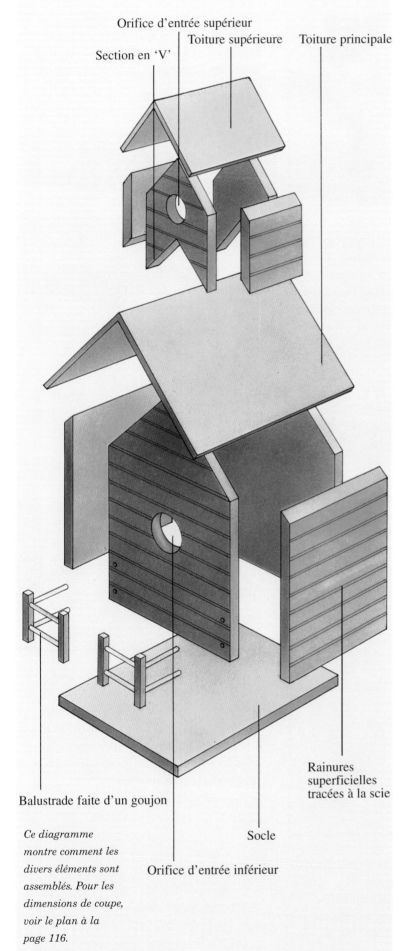

Orifice d'entrée supérieur

Toiture supérieure

Toiture principale

Section en 'V'

Rainures
superficielles
tracées à la scie

Balustrade faite d'un goujon

Socle

*Ce diagramme
montre comment les
divers éléments sont
assemblés. Pour les
dimensions de coupe,
voir le plan à la
page 116.*

Orifice d'entrée inférieur

LA MÉTHODE

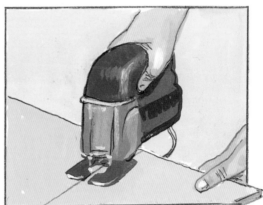

1 À l'aide du plan donné à la page 116, tracez les principaux éléments du nichoir sur le panneau de FDM ou de contre-plaqué; découpez-les grossièrement à la scie sauteuse, puis taillez avec un rabot jusqu'aux marques de crayon.

2 Tracez au crayon des lignes horizontales parallèles sur les murs, et faites ensuite des traits de scie superficiels avec une scie à dos; utilisez pour vous guider une retaille de bois maintenue en place à l'aide d'un serre-joint en 'C'.

3 Pour découper les orifices d'entrée, fixez la façade du nichoir au support pour perceuse avec une retaille de bois en-dessous, et percez les trous avec les mèches ou les scies à trou appropriées. Utilisez une toupie munie d'une mèche à rainurer autodirectrice pour découper une marche autour de chaque ouverture.

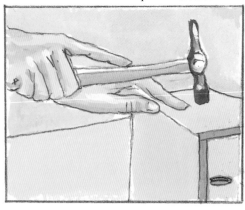

4 Clouez et collez tous les côtés du nichoir avec une colle de menuisier d'extérieur. Mettez la toiture en place, collez-la et clouez-la.

5 Tracez la partie supérieure du nichoir, et découpez les côtés avec une scie à dos; taillez ensuite les bords avec un rabot jusqu'aux marques de crayon. Découpez soigneusement la partie en 'V' avec une scie à dos.

6 Suivant les instructions données à l'étape 3, percez un autre orifice d'entrée dans cette partie du nichoir si vous le désirez. Puis assemblez, collez et clouez.

7 Fixez la petite maison sur le sommet de la grande. Collez et clouez de l'intérieur la maison du haut sur celle du bas, puis fixez la toiture de la maison du haut.

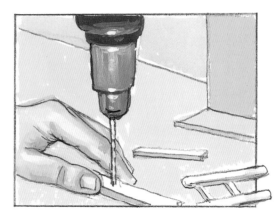

8 Avec une scie à dents fines, découpez le goujon de 6 mm et le bois franc de 12,5 x 12,5 mm pour faire la balustrade selon les dimensions données dans le plan qui se trouve à la page 116. Utilisez une perceuse de 6 mm pour faire les trous dans les montants qui recevront les goujons d'assemblage.

PRESQUE N'IMPORTE QUEL TYPE DE NICHOIR PEUT ÊTRE TRANSFORMÉ EN ÉCOLE, SI VOUS Y AJOUTEZ UN CLOCHER, UN PANNEAU ET UN DRAPEAU. BIEN ENTENDU, LA SALLE DE CLASSE SERA TRÈS PETITE, ET ON Y APPRENDRA À VOLER, PLUTÔT QU'À LIRE ET À ÉCRIRE.

9 Poncez toutes les parties du nichoir. Assemblez la balustrade, appliquez de la colle, et enfoncez doucement les goujons d'assemblage dans les montants.

10 Assemblez toutes les parties du nichoir en utilisant des vis nickelées n° 6, conçues pour résister aux intempéries.

11 Finissez en appliquant une sous-couche d'extérieur, puis une couche de peinture fini mat. Celle-ci est préférable à la peinture lustrée, parce qu'elle est moins réfléchissante.

Cette école à deux étages avec son double nichoir — un pour les petits oiseaux, l'autre pour les espèces de plus grosse taille — peut devenir une maison attrayante et intéressante. Avec un peu de chance, deux types d'oiseaux différents y feront leur nid en même temps.

VOICI, INSPIRÉ DE

L'ARCHITECTURE

D'UNE MISSION

MEXICAINE, UN NICHOIR DESTINÉ AUX

OISEAUX QUI AIMENT LES OUVERTURES

LARGES. SON EXTÉRIEUR RUGUEUX EST

SIMPLE À RÉALISER, ET SES COULEURS DE

FINITION TRADITIONNELLES SONT LE JAUNE

OU LE ROSE PASTEL.

LA FORME RECTANGULAIRE EST ENJOLIVÉE

D'UN DÉTAIL CRÉNELÉ AUX EXTRÉMITÉS,

LES MATÉRIAUX

• Un panneau de 750 x 750 mm de contre-plaqué pour extérieur nº 6 de 9 mm d'épaisseur
• Un goujon de bois franc d'une longueur de 500 mm et de 9 mm de diamètre
• Des clous à tête de diamant
• Un oeillet et un crochet en laiton
• Des retailles de bois tendre
• Du sable
• De la colle de menuisier
• De la peinture d'extérieur
• Du papier sablé

LES OUTILS

• Une scie à panneaux ou une scie circulaire
• Une perceuse
• Une mèche à bois hélicoïdale de 9 mm
• Une scie à découper ou une scie sauteuse
• Un marteau
• Un mètre à ruban
• Une équerre

LA MISSION

D'UNE CROIX À L'ARRIÈRE ET D'UNE

CLOCHE INSÉRÉE DANS LA FAÇADE.

L'UTILITÉ

• Ce modèle avec fentes sur les côtés attirera les gobe-mouches, les rouges-gorges et les moucherolles brunes, qui aiment nicher dans des espaces ouverts. Le nichoir devrait être placé dans un lieu caché, soit enfoncé profondément dans la fourche d'un arbre, ou bien protégé dans une haie épaisse, à une hauteur d'environ 2 à 4,5 m du sol. Si vous laissez les côtés complètement ouverts, de manière à ce que l'ouverture mesure environ 250 x 100 mm, vous serez encore plus susceptible d'attirer les oiseaux qui préfèrent utiliser des nids de type plate-forme, plutôt que de nicher dans des cavités.

Toiture-terrasse

Croix

1 Découpez la façade, l'arrière, les côtés, le socle et la toiture dans le contre-plaqué selon le plan qui se trouve à la page 117. Utilisez une scie à panneaux pour les côtés droits et une scie à découper ou une scie sauteuse pour les parties supérieures étagées de la façade et de l'arrière.

2 Nettoyez les bords rugueux avec un papier sablé de grain moyen.

Fente latérale

Extrémités des poutres en goujons

Socle en contre-plaqué

Côtés en contre-plaqué

Contre-plaqué utilisé pour les portes et fenêtres

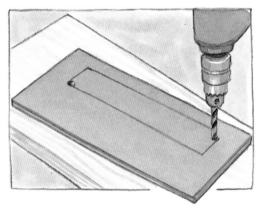

3 Tracez les dimensions des fentes latérales de 280 x 38 mm. Faites un trou de départ dans l'un des coins de la surface délimitée avec une perceuse munie d'une mèche hélicoïdale.

Ce diagramme montre comment les divers éléments sont assemblés. Pour les dimensions de coupe, voir le plan à la page 117.

4 En vous guidant à l'aide d'une planche de bois droite fixe, découpez la fente avec une scie sauteuse.

5 Percez 12 trous dans le socle pour l'évacuation d'eau.

6 Marquez l'emplacement des goujons le long des deux côtés.

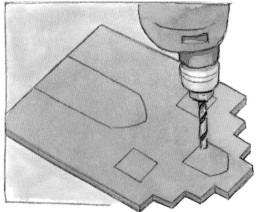

9 Faites un trou de départ, comme à l'étape 3, dans l'un des coins de la surface délimitée pour la cloche, et découpez la forme avec une scie sauteuse.

10 Découpez dans le contre-plaqué les fausses fenêtres latérales, les fenêtres de la façade et la porte cintrée selon les dimensions du plan.

CETTE ÉGLISE DE STYLE PLUS TRADITIONNEL FAIT ÉGALEMENT UN BON NICHOIR, MAIS ELLE ATTIRERA DES ESPÈCES QUI PRÉFÈRENT LES ENTRÉES SOUS FORME DE TROU, PLUTÔT QUE SOUS FORME DE FENTE LATÉRALE.

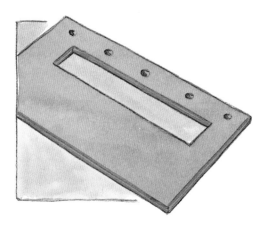

7 Placez une retaille de contre-plaqué sous les côtés et percez les trous pour les goujons.

8 Tracez les dimensions de la niche de la cloche sur le contre-plaqué selon le plan.

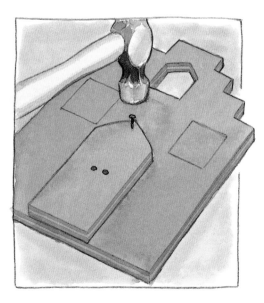

11 Collez et clouez les fenêtres et la porte à leur place, et vérifiez la symétrie.

12 Assemblez l'église avec des clous à tête de diamant et appliquez de la colle de menuisier sur les bords d'assemblage.

15 Insérez une section de 40 mm de goujon dans chacun des trous latéraux. Ce seront les poutres de toiture.

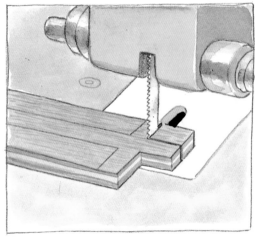

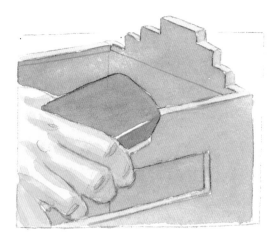

13 Poncez le dessus du contre-plaqué visible avec du papier sablé pour égaliser tous les bords supérieurs.

14 Sciez 12 morceaux d'une longueur de 40 mm dans le goujon de 9 mm d'épaisseur.

16 Découpez la petite croix de contre-plaqué avec une scie à découper ou une scie sauteuse en suivant la forme tracée sur le bois d'après le plan.

17 Coupez la tête d'un clou à tête de diamant, et utilisez les deux extrémités pour fixer la croix sur le sommet du mur arrière.

LA MISSION EST UNE VERSION ÉLABORÉE DU NICHOIR TRADITIONNEL À FENTE. L'EXEMPLE ILLUSTRÉ CI-DESSUS EST FAIT DE CÈDRE, UN BOIS PARTICULIÈREMENT ATTRAYANT.

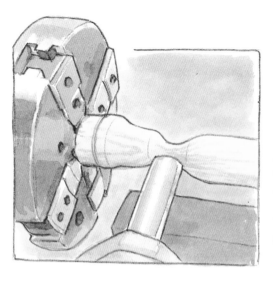

18 Façonnez une cloche dans un morceau de bois tendre en suivant le plan. Vous pouvez aussi la façonner au tour.

19 Fixez la cloche dans la façade de l'église avec l'oeillet et le crochet.

20 Recouvrez les côtés et la toiture d'une solution diluée de colle de menuisier, et avant qu'elle ne sèche, saupoudrez du sable uniformément sur les surfaces.

21 Appliquez au pinceau un produit de préservation du bois sur le socle du nichoir.

UNE MANGEOIRE ORNEMENTÉE DANS LE STYLE GOTHIQUE DU XIXᵉ SIÈCLE.

L'extérieur rugueux du
nichoir peut être
complété d'une couche
de peinture de couleur
jaune ou rose pastel, qui
sont les couleurs
traditionnelles des
missions, mais vous
pouvez également
choisir la couleur que
vous préférez. Bien qu'il
soit possible d'utiliser la
toiture-terrasse comme
mangeoire, n'oubliez pas
que cela empêchera les
oiseaux d'y faire leur
nid.

CE JOLI COTTAGE

ANGLAIS AU TOIT DE

CHAUME, AVEC SON PETIT CÔTÉ

RÉSOLUMENT CAMPAGNARD, CADRE BIEN

DANS N'IMPORTE QUEL JARDIN. LE

NICHOIR EST FAIT D'UNE STRUCTURE DE

BOIS TRÈS SIMPLE DÉCORÉE DE MOULURES

QUI REPRÉSENTENT LES POUTRES.

LES MATÉRIAUX

• Un panneau de 1,2 m x 1,2 m de FDM d'extérieur de 6 mm d'épaisseur
• Des planches de 125 x 250 mm de FDM d'extérieur, de 9 mm
• Des retailles de bois franc de 9 x 9 mm, plus un rectangle de 100 x 75 mm pour la porte
• Du feutre-toiture
• De la colle de menuisier
• De la peinture d'extérieur
• Des clous à tête de diamant
• Du papier sablé

LES OUTILS

• Une scie sauteuse
• Une perceuse électrique
• Un marteau
• Un couteau d'artiste
• Une équerre
• Un mètre à ruban et un crayon
• Un rabot
• Des pinceaux

LE COTTAGE TUDOR

LE PORCHE DE LA FAÇADE SERT D'ENTRÉE

AUX OISEAUX; LES FENÊTRES, PETITES,

SONT FAITES DE MOULURES.

L'UTILITÉ

• À cause de la façon dont ce nichoir est conçu et de l'emplacement de l'entrée, les oiseaux peuvent se nicher seulement dans le porche, ce qui fait qu'il convient à des espèces de petite taille. Placez ce nichoir dans un lieu relativement ouvert, mais près des arbres, pour attirer les troglodytes familiers, les merles bleus, les mésanges et les mésanges à tête noire. Les hirondelles bicolores sont particulièrement attirées par les lieux situés près d'un point d'eau.

Feutre-toiture collé et cloué

Toiture faite de FDM

Orifice d'entrée

Section du porche

Retailles utilisées
pour la porte

Charpente faite de FDM

Moulures représentant les poutres

Ce diagramme montre
comment les divers
éléments sont
assemblés. Pour les
dimensions de coupe,
voir le plan à la
page 118.

LA MÉTHODE

1 Suivant le plan de la page 118, tracez les divers éléments de la maison sur le panneau de FDM de 6 mm d'épaisseur; assurez-vous que les côtés sont parallèles à l'aide d'une équerre. Tracez les deux côtés du porche sur la planche de FDM plus épaisse.

2 Découpez chaque partie; n'oubliez pas de découper une ouverture entre le porche et la charpente principale de la façade si vous souhaitez attirer de plus gros oiseaux. Percez l'orifice d'entrée dans la partie avant du porche.

3 Clouez et collez ensemble le fond, les côtés et la façade de la maison, et laissez sécher. Vérifiez à l'aide d'une équerre que les côtés forment un angle de 90°.

4 Taillez en biseau les bords supérieurs de la façade et de l'arrière de la maison et les bords supérieurs des côtés du porche.

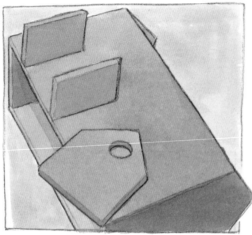

5 Fixez les côtés du porche au mur de façade avec de la colle de menuisier et deux clous à tête de diamant par côté.

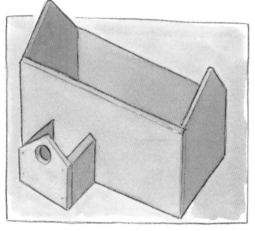

6 Collez et clouez le devant du porche à sa place avant de peindre l'extérieur de la maison. La teinte devrait de préférence être neutre ou blanc mat pour imiter les murs originaux en clayonnage et torchis.

7 Fixez les parties du toit du porche et de la maison principale de la même façon. Un bord doit recouvrir l'autre au sommet pour former un joint parfait.

8 Clouez le feutre-toiture et taillez les bords pour qu'ils coïncident exactement avec les planches de FDM de la toiture. Espacez les clous à tête de diamant à un intervalle d'environ 25 mm entre eux.

LE TOIT DE CHAUME AJOUTE UNE TOUCHE RUSTIQUE AU NICHOIR ET LUI DONNE UN CHARME «VIEILLOT».

9 La dernière étape de la structure consiste à clouer et à coller les petits bouts de moulure de bois franc autour des murs pour représenter les poutres. Utilisez un couteau d'artiste pour tailler en biseau les bords extérieurs de la moulure avant de la couper selon les dimensions requises. Ajoutez une mince section pour la porte avant.

10 Peignez les poutres en noir, et dessinez d'autres détails décoratifs, comme les fenêtres, à l'aide d'un petit pinceau à tableau.

Ce modèle de nichoir «vieillot» convient parfaitement à une cour ou un jardin de cottage, rempli de plantes anciennes et de rosiers sarmenteux. La toiture de chaume s'obtient en assemblant des brindilles avec de la colle et du fil de fer mince.

CET ÉLÉGANT NICHOIR

COLONIAL A UNE FORME

PARFAITEMENT SYMÉTRIQUE. LA GRANDE

FLÈCHE CENTRALE ET LES DEUX PLUS

PETITES DE CHAQUE CÔTÉ SONT FAITES DE

BOIS FRANC ET SONT DÉGAUCHIES EN

POINTES PYRAMIDALES. LES LARGES

FENÊTRES RECTANGULAIRES, LES

COLONNES EN GOUJON ET LE PORCHE

IMPOSANT CONTRIBUENT ÉGALEMENT À

LES MATÉRIAUX

• Un panneau de 500 mm x 500 mm de FDM d'extérieur de 18 mm d'épaisseur
• Un panneau de 300 mm x 300 mm de FDM d'extérieur de 6 mm d'épaisseur
• Un morceau de bois tendre de 200 x 30 x 35 mm
• Un morceau de bois tendre de 150 x 30 x 45 mm
• Un goujon de bois franc d'une longueur de 250 mm et de 22 mm de diamètre
• De la colle de menuisier
• Des clous à tête de diamant
• Du papier sablé
• De la peinture d'extérieur

LES OUTILS

• Une équerre
• Une scie sauteuse
• Un rabot
• Un marteau
• Une scie à dos
• Une planche d'entretoisement
• Une alêne
• Un ciseau à bois
• Une perceuse électrique
• Une mèche plate de 32 mm
• Des pinceaux
• Un crayon

LE NICHOIR NÉOCLASSIQUE

CONFÉRER À CE NICHOIR UN STYLE

CLASSIQUE. LE PORTIQUE AU-DESSUS DU

PORCHE CONTIENT L'ENTRÉE DU NICHOIR.

LA PEINTURE DE FINITION BLANCHE

COMPLÈTE L'ASPECT COLONIAL.

L'UTILITÉ

• Comme pour la plupart des nichoirs, la dimension de l'entrée détermine les espèces d'oiseaux qui s'y installeront. Grâce au large espace intérieur qui le caractérise, ce nichoir peut convenir à de nombreuses espèces, incluant le merle bleu. La tendance à la diminution du nombre de ces merveilleuses créatures a été inversée au cours des deux dernières décennies grâce au grand nombre de personnes qui installent des nichoirs dans leur cour. Il est toutefois essentiel que le trou mesure exactement 38 mm pour empêcher les étourneaux de prendre possession des lieux. Les merles bleus préfèrent les nichoirs placés à une hauteur de 1,5 à 1,8 m dans des endroits qui rappellent les champs. Il peut y avoir quelques arbres çà et là, mais le terrain ne doit pas être ombragé en permanence.

Trou dans la toiture

Côtés de la maison
découpés dans le FDM

Petite flèche subsidiaire

Flèche centrale

Toiture

Toit du portique

Orifice d'entrée

Portique

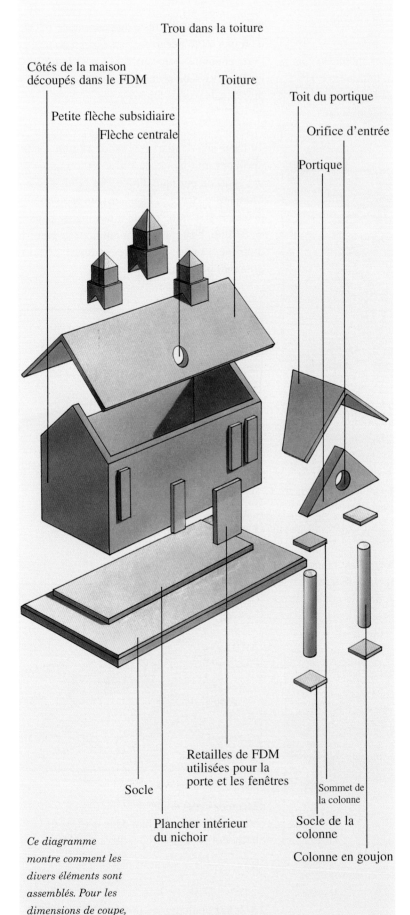

Retailles de FDM
utilisées pour la
porte et les fenêtres

Socle

Plancher intérieur
du nichoir

Sommet de
la colonne

Socle de la
colonne

Colonne en goujon

*Ce diagramme
montre comment les
divers éléments sont
assemblés. Pour les
dimensions de coupe,
voir le plan à la
page 119.*

*voir le plan à la
page 119.*

LA MÉTHODE

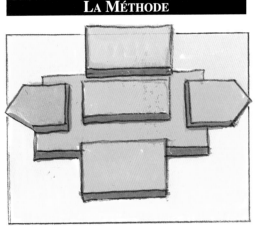

1 Tracez, sur le FDM de 18 mm, le socle de 350 x 190 mm, le plancher de 295 x 130 mm, les deux côtés de 295 x 130 mm et les deux extrémités de 130 x 195 mm du nichoir (dessinez les deux extrémités de sorte que la partie supérieure forme un angle de 90°). Découpez légèrement plus grand que la ligne de coupe avec la scie sauteuse, et finissez à la ligne avec un rabot.

2 À l'aide d'un rabot, taillez en biseau trois des bords du socle, puis poncez légèrement.

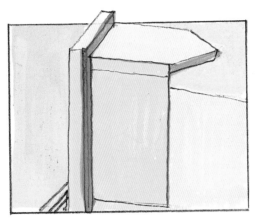

3 Collez et clouez tous ces morceaux ensemble.
4 Une fois la colle prise, éliminez les irrégularités avec un rabot.

CE PIGEONNIER
TRADITIONNEL,
PERCHÉ AU SOMMET
D'UNE COLONNE DE
STYLE CLASSIQUE,
CONSTITUE UN
MAGNIFIQUE ÉLÉMENT
DE DÉCORATION DANS
UNE COUR. EN PLUS,
SES HAUTES PAROIS
LISSES REPOUSSERONT
LES PRÉDATEURS DU
VOISINAGE.

5 Tracez et découpez les deux morceaux du toit dans le FDM de 6 mm; taillez-les à 110 x 310 mm avec un rabot; ensuite, collez-les et clouez-les à la charpente principale du nichoir.

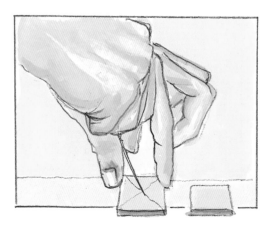

6 Tracez, sur le FDM de 6 mm, les quatre petits carrés de 35 x 35 mm pour les socles et les sommets des colonnes. Découpez-les avec une scie à dos, et poncez les bords avec du papier sablé de grain moyen. Tracez des lignes diagonales pour déterminer le centre, et faites une dentelure avec une alêne.

7 À l'aide d'une scie à dos et d'une planche d'entretoisement, découpez deux morceaux d'une longueur de 115 mm dans le goujon de 22 mm de diamètre. Collez et clouez les goujons sur les socles des colonnes.

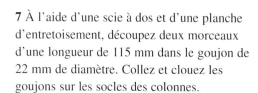

8 Taillez en biseau les bases et les sommets avec un ciseau à bois.

9 Découpez dans le reste du panneau de FDM de 6 mm un morceau de 50 x 80 mm pour la porte et quatre morceaux de 18 x 72 mm pour les fenêtres. Collez et clouez la porte à sa place, mais pas les fenêtres.

10 Dans une retaille de FDM de 18 mm, découpez un triangle de 100 x 130 mm pour le dessus du portique. Poncez les bords. Marquez le centre et faites un trou avec une perceuse électrique munie d'une mèche plate de 32 mm. Nettoyez l'intérieur du trou avec du papier sablé et poncez les marques qu'aurait pu laisser la mèche plate.

11 Assemblez le portique avec de la colle et des clous.

12 Tracez et découpez deux morceaux obliques de 85 x 100 mm dans le FDM de 6 mm; collez-les et clouez-les à leur place.

13 Collez et clouez les fenêtres à leur place.

14 Dans les deux morceaux de bois tendre, découpez le bois pour les flèches: deux longueurs de 90 mm du morceau le plus mince et une longueur de 125 mm du plus épais. Tracez des formes en 'V' à 90° sur chaque morceau, et découpez à la scie à dos de manière à ce que ces pièces chevauchent parfaitement le sommet de la toiture. Faites des traits de crayon de 6 mm à la moitié des flèches, et réduisez la largeur avec la scie à dos pour créer l'effet étagé.

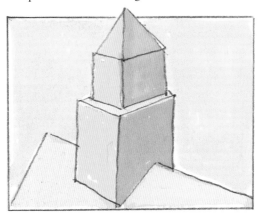

15 Tracez les lignes des pointes pyramidales, découpez-les avec la scie à dos, puis collez et clouez les flèches sur la toiture.

16 Éliminez les traits de scie à l'aide de papier sablé de grain moyen.

Vous pouvez finir ce nichoir en le peignant de la couleur de votre choix.

CE MOULIN À VENT DE CONCEPTION TRADITIONNELLE EST À LA FOIS UN NICHOIR ET UNE MANGEOIRE. IL PEUT ÊTRE PLACÉ À N'IMPORTE QUELLE HAUTEUR SUR UN POTEAU DE BOIS SOLIDE AVEC UN CÔNE EN ALUMINIUM AU PIED POUR DÉCOURAGER LES PRÉDATEURS À QUATRE PATTES. LA PARTIE MANGEOIRE DE CE MODÈLE COMPORTE UN TROU À NOURRITURE COUVERT D'UN TREILLIS MÉTALLIQUE, LEQUEL IMITE LA PORTE CENTRALE D'UN MOULIN À VENT; UN ABREUVOIR PEU PROFOND EST AMÉNAGÉ DANS LA BASE. LE TOIT SE

LE MOULIN À VENT

SOULÈVE POUR PERMETTRE LE REMPLISSAGE DE LA MANGEOIRE, ET DEUX PERCHOIRS SOUS LE FILET DE MÉTAL EMPÊCHENT LES AILES DU MOULIN DE TOURNER, CAR ELLES RISQUERAIENT DE BLESSER LES OISEAUX. LA PORTE DU REZ-DE-CHAUSSÉE EST TOUJOURS OUVERTE AUX VISITEURS.

LES MATÉRIAUX

- Un panneau de 600 x 1200 mm de contre-plaqué d'extérieur nº 6 de 9 mm d'épaisseur
- Un panneau de 600 x 600 mm de contre-plaqué d'extérieur nº 4 de 6 mm d'épaisseur
- Une planche de pin de 150 x 150 x 25 mm
- Un goujon d'une longueur de 100 mm et de 6 mm de diamètre
- Un couvercle de plastique adaptable au trou rainuré de 75 mm de diamètre
- Un morceau de 80 x 100 mm de treillis métallique galvanisé
- Un contenant à placer dans le trou de 90 mm de diamètre
- Quatre vis nickelées à tête noyée nº 6 de 18 mm
- Des clous à tête de diamant
- Des crampillons
- Une charnière de surface nickelée de 50 mm et des vis nº 4 de 12,5 mm
- De la colle de menuisier
- Du papier sablé
- Un goujon (ou un vieux manche à balai) de 18 mm de long et de 25 mm de diamètre pour la rondelle d'espacement
- Une vis à tête ronde nº 10 de 50 mm en fer blanc
- Une feuille de plomb à toiture de 150 x 150 mm
- Un apprêt d'extérieur
- Une peinture d'extérieur

LES OUTILS

- Une scie sauteuse
- Un rabot
- Un compas
- Une fausse équerre à coulisse
- Une perceuse électrique et des mèches
- Un couteau d'artiste
- Une alêne
- Un tournevis
- Une râpe à dégrossir ou un rabot
- Des cisailles de ferblantier
- Des pinceaux
- Une règle en métal

L'UTILITÉ

- Ce modèle peut servir de mangeoire dans la partie supérieure ou de nichoir dans la partie inférieure. L'ouverture large attirera les étourneaux; une entrée plus petite attirera des oiseaux plus petits. Toutefois, les oiseaux nicheurs s'envoleront souvent avec colère en entendant le chant des oiseaux qui se nourrissent tout près (dans ce cas, juste à l'étage au-dessus). Vous pouvez choisir la prudence en transformant également le rez-de-chaussée en mangeoire et en recouvrant la porte d'un treillis métallique.

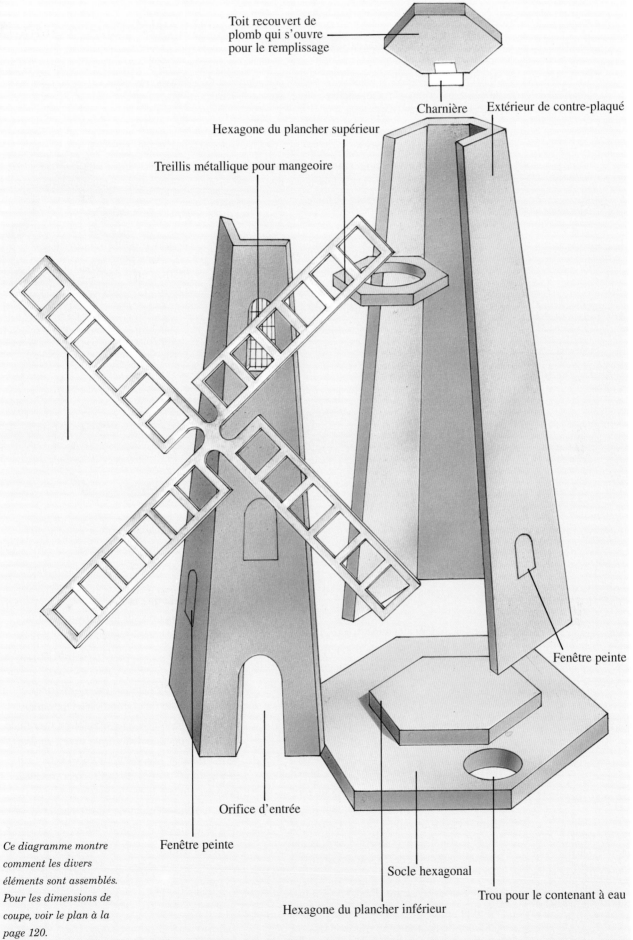

Toit recouvert de plomb qui s'ouvre pour le remplissage

Charnière

Extérieur de contre-plaqué

Hexagone du plancher supérieur

Treillis métallique pour mangeoire

Fenêtre peinte

Orifice d'entrée

Fenêtre peinte

Socle hexagonal

Hexagone du plancher inférieur

Trou pour le contenant à eau

Ce diagramme montre comment les divers éléments sont assemblés. Pour les dimensions de coupe, voir le plan à la page 120.

LA MÉTHODE

1 À l'aide du plan de la page 120, ou en utilisant un compas, tracez quatre cercles sur le contre-plaqué de 9 mm selon les dimensions suivantes: deux cercles de 120 mm de diamètre pour le dessus et le plancher du deuxième étage; un de 240 mm de diamètre pour le plancher inférieur; et un de 500 mm de diamètre pour le socle.

2 Une fois chaque cercle mesuré, utilisez le rayon pour marquer chacun des côtés de l'hexagone. Découpez l'hexagone avec une scie sauteuse, et finissez chaque côté à la ligne avec un rabot.

3 Sur l'hexagone du socle, tracez, à l'aide d'un compas, un cercle de diamètre légèrement plus petit que le contenant à eau. Dans notre modèle, le cercle a un diamètre de 90 mm. Percez un trou de départ à l'intérieur du cercle, et découpez celui-ci à la scie sauteuse.

4 Tracez et découpez un trou circulaire dans le plancher du deuxième étage pour le contenant de nourriture, en suivant les instructions fournies à l'étape 3. Dans le modèle proposé, le couvercle de plastique s'adapte à un trou de 75 mm de diamètre.

5 Tracez, sur le contre-plaqué de 9 mm, les six côtés selon les dimensions suivantes: 600 mm de hauteur, 113 mm à la base et 65 mm au sommet.

6 Réglez votre fausse équerre à coulisse à 60° et, avec un crayon, marquez les angles au sommet et au bas des côtés, puis taillez ceux-ci à l'angle avec un rabot.

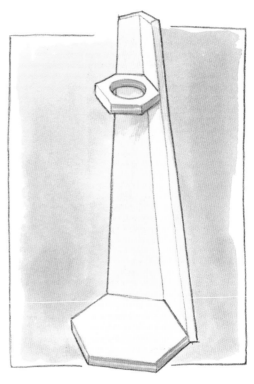

7 Clouez et collez deux côtés au plancher inférieur et au premier plancher.

8 En attendant que la colle sèche, tracez les fenêtres et la porte sur le contre-plaqué de 9 mm, et découpez-les avec la scie sauteuse.

9 Fixez le treillis métallique à l'intérieur de la fenêtre à l'aide de crampillons. Optionnel: pour fixer le treillis à l'extérieur au niveau de la fenêtre, découpez la forme exacte et fixez le treillis avec des crampillons (il sera préférable d'utiliser un treillis très fin pour pouvoir obtenir la forme exacte); ou encore, pliez le treillis autour de l'intérieur de la fenêtre, et fixez-le de l'arrière.

UN CONSEIL

APRÈS UN AN OU DEUX, VOTRE NICHOIR AURA BESOIN D'UNE NOUVELLE COUCHE DE PEINTURE OU DE PRODUIT DE PRÉSERVATION DU BOIS. GRÂCE À UN ENTRETIEN ADÉQUAT, VOTRE OEUVRE POURRA DURER DE NOMBREUSES ANNÉES.

15 Tracez un hexagone de 65 mm de diamètre sur la planche de pin pour le toit.

16 Découpez le toit avec la scie sauteuse et arrondissez les bords supérieurs à l'aide d'une râpe à dégrossir ou d'un rabot.

17 Découpez un cercle d'environ 80 mm de diamètre sur la feuille de plomb avec des cisailles de ferblantier.

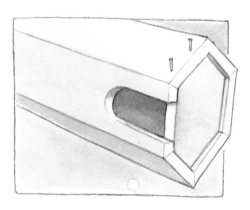

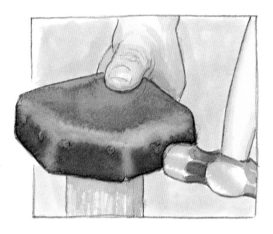

10 Collez et clouez les autres côtés, un à la fois, au plancher inférieur, au premier plancher et les uns aux autres. Maintenez les sommets ensemble avec un crampillon. Des élastiques ou du ruban masque peuvent être utiles pour serrer.

11 Une fois que la colle est prise, poncez toutes les surfaces avec du papier sablé.

18 À l'aide d'un marteau, façonnez graduellement le plomb selon la forme du toit.

19 Quand le toit de plomb est complètement formé, coupez les surplus, et fixez le plomb au toit avec des clous à tête de diamant.

12 Avec une alêne, et en vous guidant à l'aide d'une règle en métal, tracez des lignes parallèles sur tous les côtés pour obtenir un effet de revêtement de bois.

13 Poncez le socle hexagonal.

14 Fixez le socle au-dessous du nichoir avec quatre vis nickelées à tête noyée n° 6 de 18 mm.

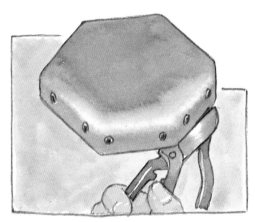

UN CONSEIL

TROIS FACTEURS CONTRIBUENT À RENDRE UN LIEU ATTIRANT POUR LES OISEAUX: LA NOURRITURE, L'EAU ET LE GÎTE. SI VOUS LEUR OFFREZ TOUT CELA, ILS SERONT NOMBREUX À VOUS VISITER.

24 Découpez les ailes avec une scie sauteuse munie d'une lame fine. Si nécessaire, finissez les bords avec une lime à dégauchir.

25 Percez un trou dans le centre des ailes et dans le centre de la rondelle d'espacement de 25 mm.

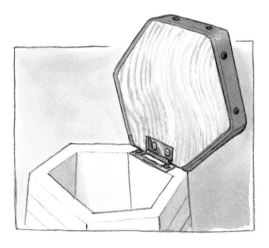

20 Fixez la charnière de surface nickelée de 50 mm au toit avec les vis nº 4 de 12,5 mm.

21 Percez deux trous de 6 mm de diamètre sous la fenêtre.

22 Mettez une goutte de colle dans les trous, et insérez dans chacun d'eux un goujon de 50 mm de longueur et de 6 mm de diamètre.

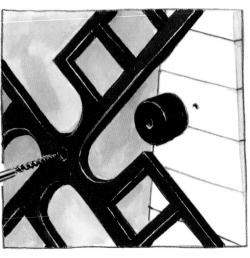

26 Fixez les ailes et la rondelle d'espacement au centre de la façade avec une vis à tête ronde nº 10 de 50 mm en fer blanc.

27 Appliquez pour finir une couche de peinture lustrée d'extérieur.

23 À l'aide du plan, tracez la silhouette des ailes sur le contre-plaqué affiné. Marquez les formes très précisément avec un couteau d'artiste.

Appliquez d'abord sur le moulin à vent une couche d'apprêt d'extérieur; puis ajouter une sous-couche et enfin une couche de peinture lustrée. Nous avons peint la structure principale en blanc et les ailes et les fausses fenêtres en noir, parce que ce sont les couleurs traditionnelles des moulins à vent. D'autres couleurs peuvent mieux convenir à l'aménagement de votre cour.

CETTE MANGEOIRE, FAITE DE BOIS, DE MÉTAL ET DE FIBRE DE VERRE, NE MANQUERA PAS D'ATTIRER TOUS LES OISEAUX DE PASSAGE.

LES MATÉRIAUX

- Un panneau de 1220 x 600 mm de FDM d'extérieur de 9 mm
- Un morceau d'environ 380 x 300 mm de FDM d'extérieur de 18 mm
- Des retailles de feuille de plastique ou de contre-plaqué peint en noir
- Un bloc de bois tendre d'environ 125 x 125 x 125 mm
- De la peinture coquille d'oeuf grise et noire
- Des clous à tête de diamant
- De la colle de menuisier
- Du papier sablé

LES OUTILS

- Une scie sauteuse ou une scie à découper
- Une perceuse électrique et une mèche
- Une scie à panneaux ou une scie circulaire
- Une scie à dos
- Un rabot
- Un pistolet agrafeur
- Une équerre
- Un mètre à ruban
- Un crayon
- Des pinceaux

LA TOUR CARRÉE COIFFÉE D'UN TOIT EN PENTE ABRUPTE S'AVÈRE LA CARACTÉRISTIQUE DOMINANTE DE CE MANOIR GOTHIQUE. SEULE LA TOUR EST UTILISÉE COMME NICHOIR, MAIS D'AUTRES LIEUX DE NIDIFICATION POURRAIENT ÊTRE AMÉNAGÉS DANS LE RESTE DE L'ÉDIFICE: IL SUFFIRAIT DE PRATIQUER D'AUTRES OUVERTURES ET DE FAIRE DES CLOISONS À

LE MANOIR GOTHIQUE

L'INTÉRIEUR. LES FENÊTRES SONT TOUTES DES FORMES DÉCOUPÉES D'ARCS GOTHIQUES EN TIERS-POINT, DANS LESQUELLES SONT COLLÉES DE FAUSSES FENÊTRES; ELLES SONT PEINTES EN NOIR POUR DONNER L'ILLUSION D'UNE MAISON HANTÉE.

L'UTILITÉ

- La tour de ce nichoir offre un lieu de nidification en hauteur et étroit, ce qui convient parfaitement aux mésanges à tête noire, aux mésanges de Caroline, aux troglodytes familiers, ou aux petites sittelles; ces espèces aiment en effet que leurs maisons mesurent environ 100 x 100 mm, aient une profondeur de 200 à 250 mm et une entrée près du sommet d'environ 29 mm. Si vous faites un trou légèrement plus grand, soit un diamètre de 38 mm, votre nichoir deviendra intéressant pour les troglodytes de Caroline, les hirondelles à face blanche, les hirondelles bicolores ou les mésanges bicolores.

Toit de la tour

Toit du manoir

Arrière du manoir

Façade du manoir

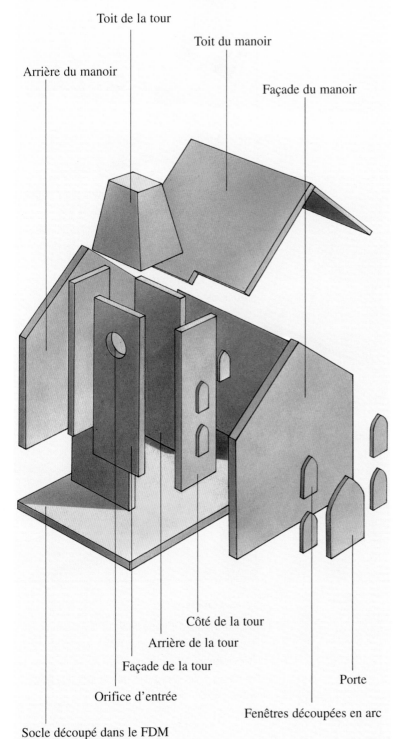

Côté de la tour

Arrière de la tour

Façade de la tour

Porte

Orifice d'entrée

Fenêtres découpées en arc

Socle découpé dans le FDM

1 Suivant le plan qui se trouve à la page 121, tracez les sections du château sur le panneau de FDM de 9 mm, et découpez-les avec une scie à panneaux ou une scie circulaire. Lissez les bords.

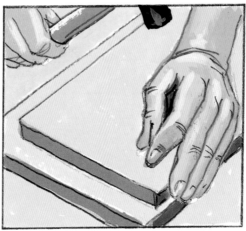

2 Faites de même avec le FDM de 18 mm, pour le socle.

Ce diagramme montre comment les divers éléments sont assemblés. Pour les dimensions de coupe, voir le plan à la page 121.

CETTE MAISON, AVEC
SES TEINTES SOMBRES,
DONNE L'IMPRESSION
D'ÊTRE HANTÉE.
ESSAYEZ DIVERS
AGENCEMENTS DE
COULEURS SUR VOS
NICHOIRS POUR VOIR
L'EFFET QUE VOUS
OBTIENDREZ.

4 Découpez les fenêtres avec une scie sauteuse ou une scie à découper. À l'aide d'une perceuse munie d'une mèche, faites un avant-trou pour chaque fenêtre. À ce stade, découpez l'orifice d'entrée circulaire de 32 mm de diamètre. Celui-ci doit se trouver à 175 mm au-dessus de la base.

3 Ensuite, marquez l'emplacement des fenêtres en forme d'arc sur la façade du manoir et sur la tour. Les fenêtres de la maison mesurent 72 mm de haut par 32 mm de large, et celles de la tour mesurent 38 mm de hauteur par 18 mm de largeur. Utilisez un gabarit en carton pour vous assurer que toutes les fenêtres ont la même forme.

5 Pour donner à votre nichoir l'apparence du bardage à clin, faites des traits superficiels horizontaux à des intervalles de 15 mm sur les murs en vous servant d'une scie à dos et en vous guidant avec une règle droite,

6 Peignez la façade de la tour et du château avec la peinture coquille d'oeuf, pour donner au nichoir un aspect vieux et sombre. Le fait de peindre ces sections à cette étape signifie que les bords intérieurs des fenêtres doivent être enduits de peinture avant que la feuille de plastique soit ajoutée.

7 Agrafez le plastique noir derrière les emplacements des fenêtres. La feuille à l'intérieur de la tour devrait mesurer 50 mm de large et environ 175 mm de long. La feuille plus grande qui doit masquer les fenêtres du château, devrait avoir 225 mm de largeur par 175 mm de hauteur. Vous pouvez remplacer le plastique par du contre-plaqué.

INSPIRÉE DE L'EXTRAVAGANCE ARCHITECTURALE GOTHIQUE, CETTE MANGEOIRE AJOUTERA UNE TOUCHE D'ÉLÉGANCE ET DE GRÂCE À N'IMPORTE QUELLE COUR.

8 À l'aide de colle et de clous à tête de diamant, assemblez les murs du château avec le socle.

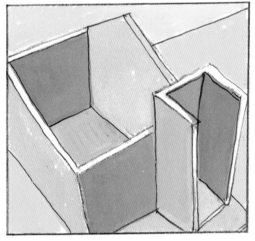

9 Ajoutez la tour, encore avec de la colle et des clous à tête de diamant. Clouez un bloc carré de FDM à la base de la tour pour que chacun des murs forme un angle droit avec le socle.

10 Après avoir peint les autres murs, clouez et collez les deux sections de la toiture de 175 mm x 215 mm. Les deux sections de FDM se chevauchent au sommet, et le bord de la partie de gauche est taillé de façon à être bien appuyé sur la tour.

11 Pour faire le toit de la tour, rabotez le bloc de bois tendre de manière à former une pente abrupte. La hauteur du toit fini est de 115 mm, et la partie supérieure doit mesurer 75 mm de largeur par 50 mm de profondeur.

12 Lissez le bois avec du papier sablé, et collez le toit sur le dessus de la tour.

13 Découpez les baguettes d'ornement de 175 mm de longueur avec une scie sauteuse ou une scie à découper, et fixez-les sur le devant de la toiture avec des clous à tête de diamant et de la colle. Vous pouvez aisément varier le motif ornemental, mais la largeur du motif fini devrait être d'environ 18 mm.

14 Finalement, découpez la forme de la porte d'une largeur de 90 mm et d'une hauteur de 108 mm dans une retaille de FDM de 9 mm, et collez-la sur la façade du nichoir.

15 Appliquez une couche de peinture coquille d'oeuf sur les sections qui restent.

Voici un grand nichoir, qui fera très bien dans une cour assez vaste comptant beaucoup d'arbres.

UN CONSEIL

DU MOMENT QU'UN NICHOIR EST HABITÉ, IL FAUT S'EN APPROCHER LE MOINS POSSIBLE, PARCE QUE CELA PEUT FAIRE FUIR LES OISEAUX ADULTES ET LES FORCER À ABANDONNER LE NID. IL EST PRÉFÉRABLE DE NE PAS EN EXAMINER LE CONTENU, MAIS SI VOUS DEVEZ LE FAIRE, POUR UNE RAISON OU UNE AUTRE, FAITES-LE LE PLUS RAPIDEMENT ET LE PLUS DISCRÈTEMENT POSSIBLE.

LE COLOMBIER

COMPTE PARMI

LES MODÈLES DE

NICHOIRS LES PLUS

TRADITIONNELS ET LES

PLUS CLASSIQUES. CETTE VERSION

HEXAGONALE COMPORTE DES OUVERTURES

SEMI-CIRCULAIRES POUR LES OISEAUX ET

DES PERCHOIRS EXTÉRIEURS FAITS DE

GOUJONS. L'INTÉRIEUR COMPREND DE

LE MATÉRIEL

- Un panneau de 1,22 m x 1,22 m de contre-plaqué d'extérieur de 12 mm d'épaisseur
- Un panneau de 600 mm x 600 mm de contre-plaqué de 6 mm pour les cloisons intérieures
- Des baguettes de chêne ou de bois tendre de 30 x 25 mm pour la bordure
- Une planche de chêne de 2,14 m, sur environ 175 mm de large et 25 mm d'épaisseur
- Des baguettes de bois tendre de 38 x 25 mm pour les supports internes des parties de contre-plaqué

- Une baguette de 25 x 6 mm de bois tendre pour le toit
- Un goujon d'une longueur de 600 mm et d'un diamètre de 12,5 mm

LES OUTILS

- Une scie sauteuse
- Une scie rigide
- Un serre-joint à sangles
- Un rabot
- Une équerre
- Un mètre à ruban et un crayon
- Un tournevis
- Une toupie ou une mèche à rainurer
- Une perceuse électrique, une mèche
- Un marteau
- Un pinceau

LE FAUX COLOMBIER

MINCES CLOISONS QUI DIVISENT LE

NICHOIR EN COMPARTIMENTS DISTINCTS;

DE LA SORTE, CHAQUE ENTRÉE CONDUIT À

UN LIEU DE NIDIFICATION SÉPARÉ. LE FAUX

COLOMBIER EST FAIT DE CONTRE-PLAQUÉ

D'EXTÉRIEUR AVEC DES LITEAUX

INTÉRIEURS, ET LE TOIT IMITE LE

REVÊTEMENT PAR RAINURES ET

LANGUETTES.

L'UTILITÉ

- Certains oiseaux aiment nicher en groupes. Or cette magnifique résidence pourra accueillir jusqu'à six familles. Les hirondelles pourprées, par exemple, ont tendance à vivre en colonies et reviennent année après année au même complexe résidentiel aérien. Placez le nichoir sur un poteau à une hauteur de 4,5 à 6 m dans un lieu découvert, idéalement près d'une source d'eau, et à au moins 4,5 m de toute branche ou partie d'édifice en saillie. Les hirondelles pourprées adorent les coquilles d'oeufs finement broyées, alors ne manquez pas d'en répandre sur le sol près de leur maison. Avant de construire un nichoir à hirondelles pourprées, assurez-vous qu'il en vient dans votre région.

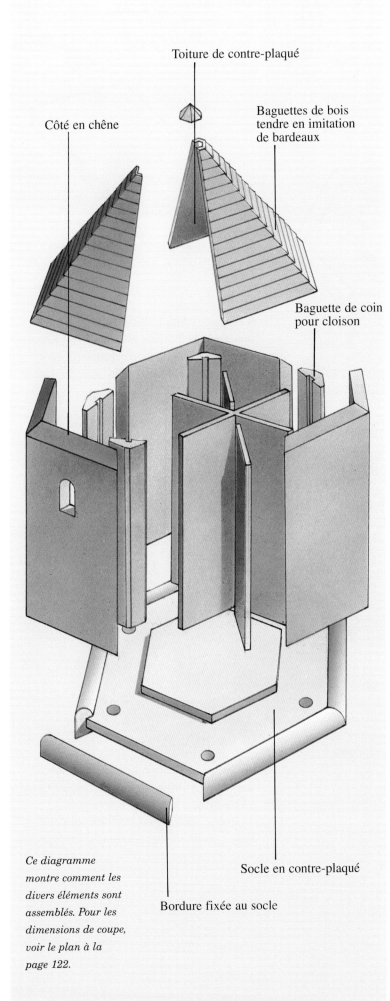

Toiture de contre-plaqué

Côté en chêne

Baguettes de bois
tendre en imitation
de bardeaux

Baguette de coin
pour cloison

*Ce diagramme
montre comment les
divers éléments sont
assemblés. Pour les
dimensions de coupe,
voir le plan à la
page 122.*

Socle en contre-plaqué

Bordure fixée au socle

LA MÉTHODE

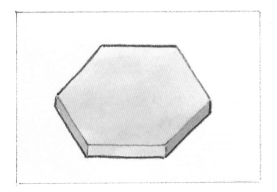

1 Découpez le socle du colombier dans le panneau de contre-plaqué de 12 mm selon le plan illustré à la page 122.

2 Faites une découpe plus petite à six côtés, qui servira d'appui aux côtés de chêne.

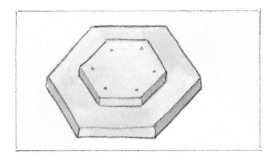

3 Centrez et alignez la plus petite partie, puis vissez-la dans le socle.

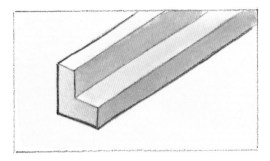

4 Utilisez des moulures de bois franc toutes faites, ou creusez vous-même une rainure sur la baguette de bois tendre de 30 x 25 mm. La profondeur de la rainure doit correspondre à l'épaisseur de la planche du socle.

CE COLOMBIER,
QUI RAPPELLE UNE
ÉPOQUE RÉVOLUE,
EST DE FORME
TRIANGULAIRE.

5 Découpez la baguette rainurée en morceaux plus longs que chaque côté du socle, et taillez les extrémités à onglet, jusqu'à ce que les pièces forment un assemblage parfait.

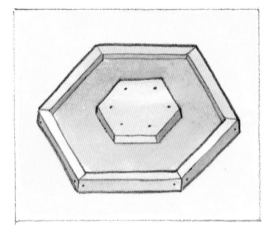

6 Fixez la bordure avec des clous à tête de diamant et de la colle, à égalité avec le dessous du socle.

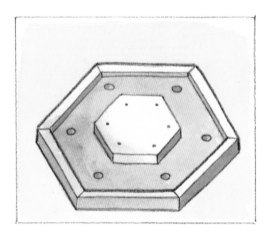

7 Percez des trous d'évacuation à chaque pointe du socle, tout contre les baguettes de la bordure. Percez six autres trous près du centre pour favoriser l'écoulement de l'eau qui pourrait pénétrer dans le colombier.

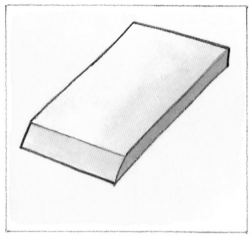

8 Découpez dans la planche de chêne des longueurs de 292 mm pour les côtés. Rabotez l'extrémité supérieure de chaque côté à 45° pour former un joint régulier avec les parties du toit.

9 Rabotez les bords latéraux de chacun des côtés en chêne de manière à ce qu'ils s'adaptent à la petite forme hexagonale.

10 Formez un orifice d'entrée dans chacun des côtés en chêne, trois près du haut et trois en bas. Percez un trou d'une largeur de 25 mm et deux petits trous juste en-dessous. Reliez ensuite les trois avec une scie sauteuse.

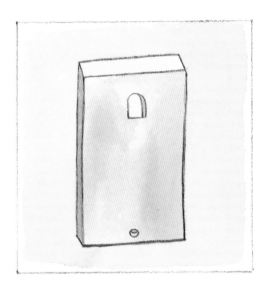

11 Percez des trous dans le bas de chaque côté, pour pouvoir visser les côtés sur la petite base d'appui à une étape ultérieure.

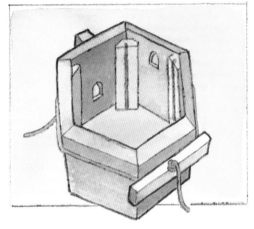

12 Rabotez deux bords dans la baguette de bois tendre de 38 x 25 mm, et formez dans le centre de l'autre face une rainure de 6 mm, qui servira à tenir les cloisons en contre-plaqué.

13 Découpez la baguette finie en six longueurs légèrement plus petites que les côtés en chêne.

14 Percez, dans chacune des baguettes, deux trous pour les vis à chaque extrémité.

15 Assemblez toutes les baguettes et les côtés avec de la colle et des vis. Utilisez un serre-joint à sangles pour tenir fermement ensemble tous les éléments jusqu'à ce que la colle soit prise.

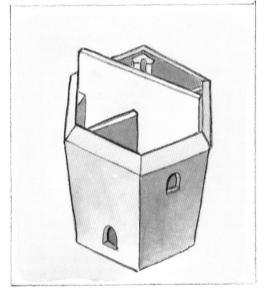

16 Découpez les cloisons dans le contre-plaqué le plus mince de manière à ce qu'elles s'ajustent dans les rainures des baguettes de bois. Dans deux des cloisons, découpez des fentes à mi-longueur dans le centre. Puis, emboîtez ces deux morceaux de cloisons l'un dans l'autre et poussez-les dans le colombier.

NOTRE FAUX COLOMBIER EST INSPIRÉ DE CE TYPE DE NICHOIR AUTOPORTANT DE STYLE TRADITIONNEL.

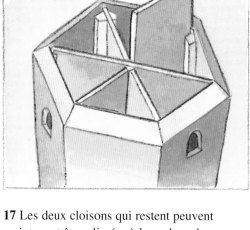

17 Les deux cloisons qui restent peuvent maintenant être glissées à leur place de chaque côté des sections à fente, pour compléter la séparation.

18 Découpez six panneaux de forme triangulaire pour le toit dans le contre-plaqué de 12 mm, et rabotez les bords pour en faciliter l'assemblage.

19 Vissez et collez chaque panneau au sommet des côtés en chêne, en appliquant plus de colle entre les sections.

LES NICHOIRS À MONTAGE MURAL, COMME CE COLOMBIER, S'ILS SONT BIEN PLACÉS, SONT À L'ABRI DES PRÉDATEURS.

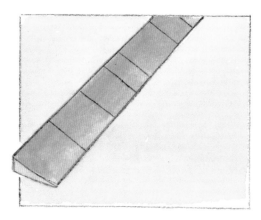

20 Découpez les baguettes du bas du toit à la longueur appropriée, et taillez les extrémités en onglet pour qu'elles correspondent à la forme du toit. Décorez les baguettes d'un côté en traçant au hasard des marques de scie superficielles pour imiter le revêtement de bardeaux.

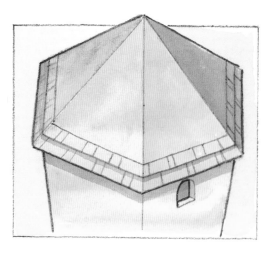

21 Fixez les baguettes sur le toit en les faisant chevaucher légèrement; découpez chaque morceau en suivant la ligne du toit. Fixez les baguettes avec de la colle et des clous à tête de diamant. Sciez le sommet du toit avec une scie rigide.

22 Ensuite, façonnez un ornement hexagonal dans le morceau de bois franc, et taillez les bords supérieurs en biseau. Collez cet élément décoratif sur le dessus du toit.

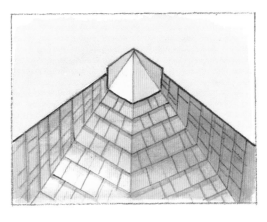

23 Percez des trous de 12,5 mm sous chaque entrée, et collez les goujons qui serviront de perchoirs.

24 Pour former les abris, découpez des formes en arc avec la scie sauteuse dans les retailles de chêne, et collez-les au-dessus des entrées.

25 Vissez le colombier sur son socle, et bouchez les trous de vis avec du bois franc. Vous ne devez pas utiliser de colle dans ce cas, parce que vous aurez besoin d'ouvrir le colombier pour le nettoyer.

Ce colombier sera très attrayant si vous lui appliquez une couche de peinture lustrée d'extérieur. Si vous préférez, vous pouvez utiliser un produit transparent de préservation du bois pour faire ressortir la teinte naturelle du chêne, et couvrir ensuite la toiture en bois tendre d'un vernis assorti. Bien que ce modèle soit conçu comme nichoir, vous pouvez également l'utiliser comme mangeoire. Cependant, cela pourrait décourager les oiseaux d'y faire leur nid.

- Une planche de 250 x 25 mm de pin raboté d'une longueur de 500 mm
- 500 mm de pin raboté de 25 x 25 mm
- Un panneau de 250 x 400 mm de contre-plaqué de bouleau pour extérieur de 5 mm d'épaisseur
- 500 mm de pin raboté de 100 x 100 mm
- Une planche de 18 x 150 mm de pin raboté de long de 1,5 m
- Un goujon de bois franc de 6 mm de diamètre et de 75 mm de longueur
- 3 m de corde (ou de chaîne)
- Des clous à tête de diamant de 38 mm
- 4 pitons fermés plaqués de taille moyenne
- Du papier sablé
- Un morceau de carton léger
- Colle de menuisier
- Du vernis transparent d'extérieur
- 10 vis à bois nickelées n° 6 de 30 mm

- Une scie sauteuse
- Une scie à dos
- Une perceuse électrique (et un support pour perceuse si possible)
- Un assortiment de mèches hélicoïdales
- Un serre-joint en 'C'
- Un compas
- Une scie à chantourner
- Une râpe
- Une râpe à dégrossir
- Un marteau
- Une planche d'entretoisement
- une scie à trous de 38 mm de diamètre
- Un tournevis
- Des pinceaux
- Des ciseaux
- Un rabot

CE NICHOIR D'INSPIRATION BIBLIQUE PEUT ÊTRE SUSPENDU PAR UNE CHAÎNE OU UNE CORDE À UNE BRANCHE OU UN CROCHET. IL PEUT ÉGALEMENT ÊTRE CONVERTI EN

L'ARCHE DE NOÉ

MANGEOIRE. IL EST FAIT DE PIN ET DE CONTRE-PLAQUÉ DE BOULEAU; L'EFFET DU PONT S'OBTIENT PAR DES TRAITS DE SCIE SUPERFICIELS RÉALISÉS AVEC UNE SCIE À DOS. L'ENTRÉE DES OISEAUX EST SITUÉE DANS LA CABINE SUR LE PONT. BIEN QUE CETTE ARCHE SOIT TROP PETITE POUR HÉBERGER DEUX REPRÉSENTANTS DE CHAQUE ESPÈCE TERRESTRE, ELLE CONSTITUERA UN MERVEILLEUX GÎTE POUR UN COUPLE DE VOS AMIS AILÉS.

L'UTILITÉ

- Quoique l'arche n'intéressera probablement pas les colombes — celles-ci préfèrent construire des nids de type plate-forme — elle attirera plusieurs autres espèces. À l'endroit où est placée l'entrée de 38 mm, le nichoir conviendra aux hirondelles bicolores, aux troglodytes familiers et aux mésanges bicolores. Il est également possible d'utiliser l'arche comme mangeoire plutôt que comme nichoir en plaçant de la nourriture sur le pont. Il est cependant peu probable que des oiseaux y établissent leur résidence si elle sert également de restaurant.

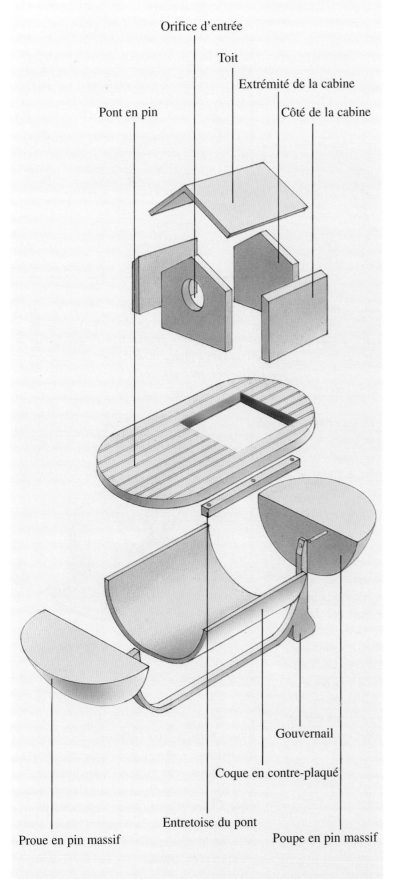

Orifice d'entrée

Toit

Extrémité de la cabine

Côté de la cabine

Pont en pin

Gouvernail

Coque en contre-plaqué

Entretoise du pont

Proue en pin massif

Poupe en pin massif

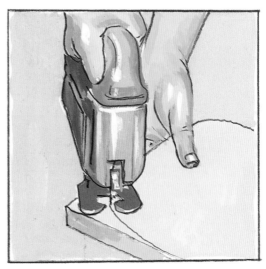

1 Pour faire le pont, tracez deux demi-cercles avec un compas à chaque extrémité de la planche de pin de 250 x 25 mm, de manière que la distance entre les deux extrémités soit de 500 mm. Découpez en suivant le trait avec une scie sauteuse.

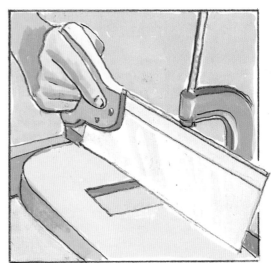

2 En vous guidant à l'aide d'une retaille de bois (maintenue en place avec un serre-joint en 'C'), faites sur le pont des rainures avec une scie à dos, à des intervalles de 22 mm.

Ce diagramme montre comment les divers éléments sont assemblés. Pour les dimensions de coupe, voir le plan à la page 123.

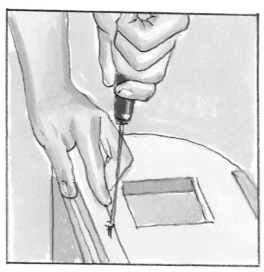

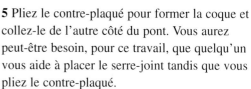

5 Pliez le contre-plaqué pour former la coque et collez-le de l'autre côté du pont. Vous aurez peut-être besoin, pour ce travail, que quelqu'un vous aide à placer le serre-joint tandis que vous pliez le contre-plaqué.

3 Découpez, dans le pin de 25 x 25 mm, deux morceaux de 215 mm de longueur. Percez dans chacun trois trous fraisés de 5 mm, et fixez-les sous le pont, à 5 mm du bord, avec de la colle et des vis n° 6 de 30 mm.

4 Découpez dans le contre-plaqué de 5 mm un morceau de 215 mm de large et de 330 mm de long (notez que le contre-plaqué plie plus facilement dans un sens que dans l'autre, alors choisissez soigneusement le sens de votre découpe). Collez et serrez un bord du contre-plaqué sur l'un des côtés du pont en utilisant une retaille de bois pour répartir la pression. Placez des journaux sous la retaille de bois pour éviter qu'elle ne colle à la coque. Laissez sécher pendant 24 heures.

CE NICHOIR ORIGINAL EST FAIT DE PLANCHES CHAUFFÉES À LA VAPEUR. CE CHAUFFAGE PERMET DE DONNER AU BOIS UNE FORME COURBÉE, MAIS C'EST UNE TECHNIQUE QUI NÉCESSITE UN ÉQUIPEMENT SPÉCIAL.

6 Dans le pin de 100 x 100 mm, découpez deux longueurs de 250 mm; avec le compas, tracez un quadrant aux deux extrémités de chaque morceau. Façonnez les formes à l'aide d'un rabot. Collez et serrez les morceaux sur le devant et l'arrière de la coque, et laissez sécher jusqu'au lendemain. Ceux-ci formeront la poupe et la proue du bateau.

7 En vous servant du profil du pont comme guide, enlevez le bois en trop avec la scie à chantourner.

9 Dessinez les profils du gouvernail et de la proue sur un morceau de carton, et découpez-les avec des ciseaux. À l'aide de ces gabarits, tracez les formes sur le pin de 150 x 28 mm. Découpez les profils avec une scie sauteuse munie d'une lame fine à chantourner. Collez et clouez la proue et le gouvernail sur la coque.

10 Tracez les côtés et le toit de la cabine sur le reste du pin de 150 x 18 mm. Découpez-les à l'aide d'une scie à dos et d'une planche à scier.

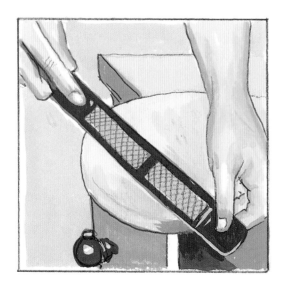

8 Finissez le limage avec une râpe à dégrossir pour obtenir une forme de quart de cercle à chaque extrémité de la coque. Dans une retaille de contre-plaqué, faites un gabarit que vous pourrez placer sur l'étrave pour vérifier la forme. Taillez l'étrave jusqu'à ce qu'elle arrive à égalité avec le contre-plaqué. Faites attention de ne pas faire de marques dans le contre-plaqué avec la râpe. Faites disparaître les traces de râpe avec du papier sablé de grain moyen.

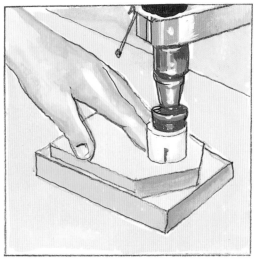

11 Avec une perceuse électrique et une scie à trous, faites l'entrée des oiseaux dans l'une des extrémités de la cabine. Il n'est pas essentiel d'utiliser un support pour perceuse, mais cela peut faciliter les choses. Nettoyez le bord intérieur du trou avec du papier sablé.

CE NICHOIR TRADITIONNEL EST IDENTIQUE À LA MAISON QUI REPOSE SUR L'ARCHE DE NOÉ, MAIS LE DÉTAIL PARTICULIER DU TOIT ET UNE COUCHE DE PEINTURE L'ONT TRANSFORMÉ.

12 Assemblez la cabine avec de la colle et des clous à tête de diamant, laissez sécher, et égalisez les surfaces à l'aide d'un rabot.

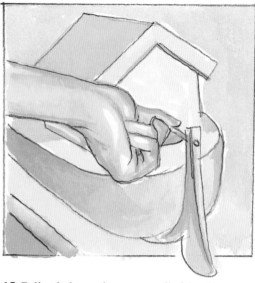

Fait d'un revêtement d'osier sur une structure de bois, cet extraordinaire nichoir sera parfait dans n'importe quel environnement boisé. Il comporte un perchoir sous l'orifice d'entrée et un toit en surplomb qui le rend très populaire auprès des oiseaux lorsqu'il pleut.

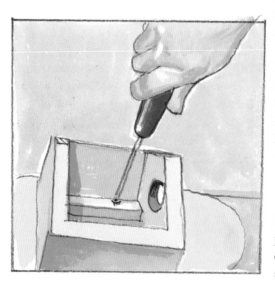

13 Découpez dans les retailles de bois deux morceaux de 110 mm. Percez dans chacun deux trous fraisés de 5 mm, et collez-les à la base de la cabine à l'intérieur. Une fois la colle prise, fixez la cabine sur le pont avec quatre vis nᵒ 6 de 30 mm.

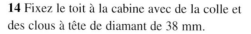

14 Fixez le toit à la cabine avec de la colle et des clous à tête de diamant de 38 mm.

15 Collez la barre du gouvernail, faite d'un goujon de 6 mm, dans le trou percé antérieurement sur le gouvernail.

16 Enlevez les traits de crayon ou de scie avec un papier sablé de grain moyen avant d'appliquer le vernis. Quand le vernis a séché, passez un papier sablé de grain fin, essuyez la poussière, et appliquez une nouvelle couche de vernis. Répétez ces étapes une troisième fois.

17 Percez des trous de guidage de 3 mm sur le pont, et vissez les pitons fermés. Attachez la corde ou la chaîne dans les pitons pour pouvoir suspendre le nichoir.

Vous n'êtes peut-être pas Noé, mais avec ce nichoir vous procurerez à une famille d'oiseaux un charmant abri pour se protéger des intempéries.

VOICI UNE CITÉ-MANGEOIRE MODERNE PARFAITE POUR UN JARDIN DE VILLE OU UNE TERRASSE SITUÉE DANS UN ENVIRONNE-MENT URBAIN. ELLE COMPORTE DEUX TOURS LATÉRALES QUI PEUVENT ÊTRE UTILISÉES POUR DES TYPES DE NOURRITURE DIFFÉRENTS, ET CHACUNE D'ENTRE-ELLES EST MUNIE D'UN TOIT RABATTABLE INCLINÉ

LE MATÉRIEL

- Une longueur de 750 mm de bois tendre de 100 mm x 100 mm
- Un panneau de 1 000 x 600 mm de FDM d'extérieur de 6 mm
- Un panneau de 600 x 400 mm de FDM d'extérieur de 18 mm d'épaisseur
- Des clous à tête de diamant
- Des crampillons
- Deux petits pots de yogourt
- Une longueur de chambre à air de pneu de bicyclette
- Colle de menuisier
- Deux vis nickelées à tête ronde n° 4 de 9 mm
- Une feuille de treillis métallique galvanisé
- De la peinture d'extérieur
- Du papier sablé

LES OUTILS

- Une scie rigide
- Un rabot
- Une scie à dos
- Un marteau
- Une fausse équerre à coulisse ou une équerre à onglet
- Une perceuse électrique
- Une mèche plate de 18 mm
- Un ciseau à bois de 18 mm
- Un maillet
- Des cisailles à métal
- Un pistolet agrafeur à usage industriel
- Des ciseaux
- Une alêne
- Une mèche hélicoïdale de 3 mm
- Un tournevis
- Des pinceaux

LE GRATTE-CIEL

QUI FACILITE LE REMPLISSAGE. DES GOUJONS DE BOIS SERVENT À LA FOIS DE MÂTS DE DRAPEAUX ET DE PERCHOIRS POUR LES OISEAUX QUI VIENNENT S'Y NOURRIR. VOUS POURREZ PLANTER DU LIERRE DANS LES POTS QUI SE TROUVENT SUR LES DEUX PETITES TOURS. LE TOIT DE LA GRANDE TOUR EST PEINT DE MANIÈRE À CRÉER UN EFFET DE REVÊTEMENT DE CUIVRE, ET LE MOTIF DU TOIT EST REPRIS SOUS FORME DE TRIANGLE AU-DESSUS DE L'ENTRÉE PRINCIPALE.

L'UTILITÉ

- Cette mangeoire sophistiquée est munie de deux battants qui s'ouvrent pour facili-ter le remplissage des boîtes à nourriture. Tentez des expérien-ces, et placez de la nourriture différente dans chacune des tours. Vous apprendrez rapidement à recon-naître les espèces qui utilisent régulièrement votre mangeoire et pourrez leur offrir leur nourriture préférée. Si vous utilisez un treillis plus fin d'un côté pour les graines de chardon (graines du Niger), vous régalerez les chardonnerets jaunes et les chardonnerets des pins. Avec un treillis plus gros, dans l'autre tour, pour contenir les graines ou les coeurs de tournesol, vous ferez le bonheur des roselins pourprés, des mésanges, des mésanges à tête noire et des sittelles. Les geais ne peuvent résister aux arachides, alors pourquoi ne pas leur réserver une tour qui deviendra leur mangeoire particulière.

*Ce diagramme
montre comment les
divers éléments sont
assemblés. Pour les
dimensions de coupe,
voir le plan à la
page 124.*

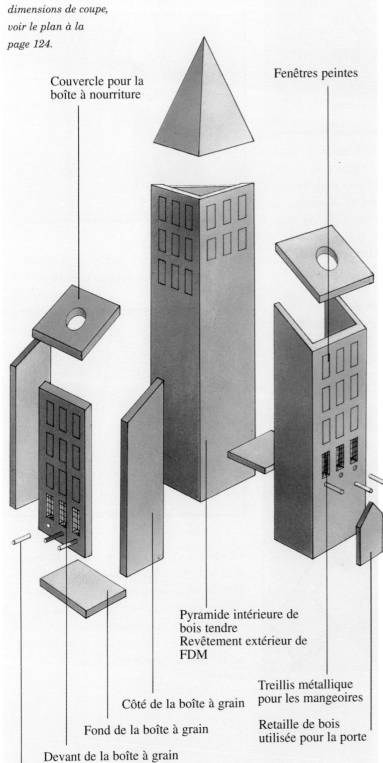

Couvercle pour la
boîte à nourriture

Fenêtres peintes

Pyramide intérieure de
bois tendre
Revêtement extérieur de
FDM

Côté de la boîte à grain

Fond de la boîte à grain

Devant de la boîte à grain

Perchoirs en goujons

Treillis métallique
pour les mangeoires

Retaille de bois
utilisée pour la porte

1 Avec une scie rigide, découpez le bois
tendre en diagonale dans sa longueur, et
éliminez les traits de scie au rabot.

2 Mesurez et découpez dans la forme
triangulaire obtenue une longueur de 700 mm
pour la structure inférieure.

3 Tracez et découpez avec une scie sauteuse,
dans le panneau de FDM de 6 mm, un
morceau de 120 x 700 mm et un morceau de
114 x 600 mm. Taillez les morceaux jusqu'à la
ligne avec un rabot, puis clouez et collez
ceux-ci sur la structure intérieure.

4 Dans le reste du bois tendre, tracez puis
découpez une demie-pyramide avec la scie à
dos, et éliminez les traits de scie au rabot.
Collez ensuite celle-ci sur le dessus de la
structure intérieure.

5 Découpez à la scie sauteuse, après les avoir délimitées au crayon, une longueur de 330 mm et une autre de 430 mm dans le panneau de FDM de 18 mm, et taillez les morceaux au rabot de manière à obtenir une largeur exacte de 108 mm. Taillez en biseau avec un rabot l'une des extrémités des deux morceaux à un angle de 45°, et vérifiez l'exactitude de la découpe à l'aide d'une fausse équerre à coulisse ou d'une équerre à onglet. Découpez et taillez exactement deux autres morceaux de 108 x 56 mm dans le FDM de 18 mm. Collez et clouez-en un sur l'extrémité de la longueur de 330 mm découpée dans le FDM de 18 mm, et collez et clouez l'autre à 100 mm de l'extrémité de l'autre. Cet ensemble formera la structure arrière et les fonds des boîtes à nourriture.

6 Collez et clouez la structure de la boîte à nourriture sur la structure principale de la mangeoire.

7 Tracez et découpez les côtés, les façades et les couvercles des boîtes à nourriture dans le FDM de 6 mm; découpez des angles de 45° sur les morceaux des côtés.

8 Collez et clouez ces parties sur la structure arrière et le fond des boîtes à nourriture.

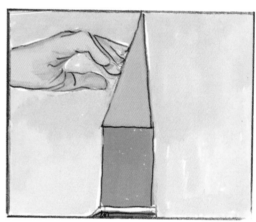

9 Dans le reste du FDM de 6 mm, découpez deux triangles isocèles dont la base mesure 120 mm et les deux autres côtés 150 mm. Taillez les bases des triangles à un angle correspondant exactement au sommet du gratte-ciel, puis collez et clouez les triangles sur le sommet pour former le toit de la mangeoire.

12 Avec le rabot, taillez les extrémités supérieures des parties avant des boîtes à nourriture en biseau à 45°, pour qu'elles correspondent aux côtés.

10 Sur les façades des mangeoires, tracez trois rectangles à l'aide d'un ciseau d'artiste. Enlevez ensuite le plus de matière possible à l'intérieur de chaque rectangle avec une perceuse électrique munie d'une mèche plate de 18 mm.

13 Découpez les treillis métalliques avec des cisailles à métal, et fixez ceux-ci à l'aide du pistolet agrafeur à l'intérieur des façades des boîtes à nourriture.

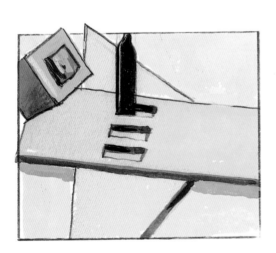

11 Utilisez un ciseau à bois et un maillet pour tailler le reste du FDM jusqu'au trait de couteau, de manière à obtenir des rectangles parfaits.

14 Collez et clouez la façade de la boîte à nourriture à sa place.

HORIZONTAL, PLUTÔT QUE VERTICAL, CE MODÈLE DE NICHOIR POUR COLONIE FAIT UNE JOLIE DÉCORA- TION SUR UN MUR.

15 Poncez la mangeoire avec du papier sablé de grain moyen pour enlever les éventuelles irrégularités dans les joints, et appliquez une couche d'apprêt. Laissez sécher, puis passez un papier sablé de grain fin et appliquez une sous-couche de peinture. Ajoutez ensuite une couche de peinture de finition. Accentuez les fenêtres et le toit avec une couleur contrastante plus foncée.

16 Découpez des morceaux dans la chambre à air, et posez-les avec le pistolet agrafeur sur les bords des couvercles/toitures des boîtes à nourriture.

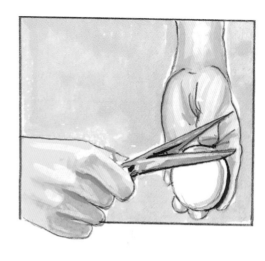

18 Avec des ciseaux, découpez deux pots de yogourt à un angle de 45°, percez des trous de 3 mm dans le centre de la base, et peignez-les.

17 Ensuite, fixez les couvercles à leur place avec le pistolet agrafeur sur le dessus des boîtes à nourriture pour faire une charnière.

19 Marquez les centres des couvercles/ toitures des boîtes à nourriture, et faites des indentations avec une alêne; vissez les deux pots de yogourt à leur place. Vous pouvez également découper un trou rond dans chaque toiture et y insérer les pots.

Cette mangeoire gratte-ciel est particulièrement utile pour les habitants des villes qui ont peu d'espace d'entreposage, parce que les boîtes à nourriture peuvent contenir suffisamment de graines pour plusieurs semaines, et qu'il est très facile de les remplir.

UN CONSEIL

QUAND VOUS ESSAYEZ D'ATTIRER DES OISEAUX DANS VOTRE COUR, NE NÉGLIGEZ PAS LA POSSIBILITÉ DE LEUR FOURNIR UNE SOURCE D'EAU. L'AJOUT D'UNE MARE, D'UNE VASQUE OU D'UNE FONTAINE PEUT AUGMENTER CONSIDÉRABLEMENT LE NOMBRE ET LA VARIÉTÉ DES OISEAUX SUSCEPTIBLES DE VOUS RENDRE VISITE.

Vous pouvez agrandir les plans au moyen d'un photocopieur; par exemple, pour obtenir des dimensions deux fois plus grandes, il vous suffit de régler le copieur à 200 pour cent. Vous pouvez également utiliser un crayon et une règle pour dessiner les morceaux sur le bois ou les planches.

LE JARDINIER SILENCIEUX (VOIR P. 38)

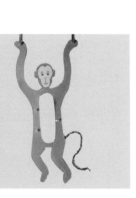

LE SINGE À NOIX (VOIR P. 31)

Dimensions originales réduites à la moitié

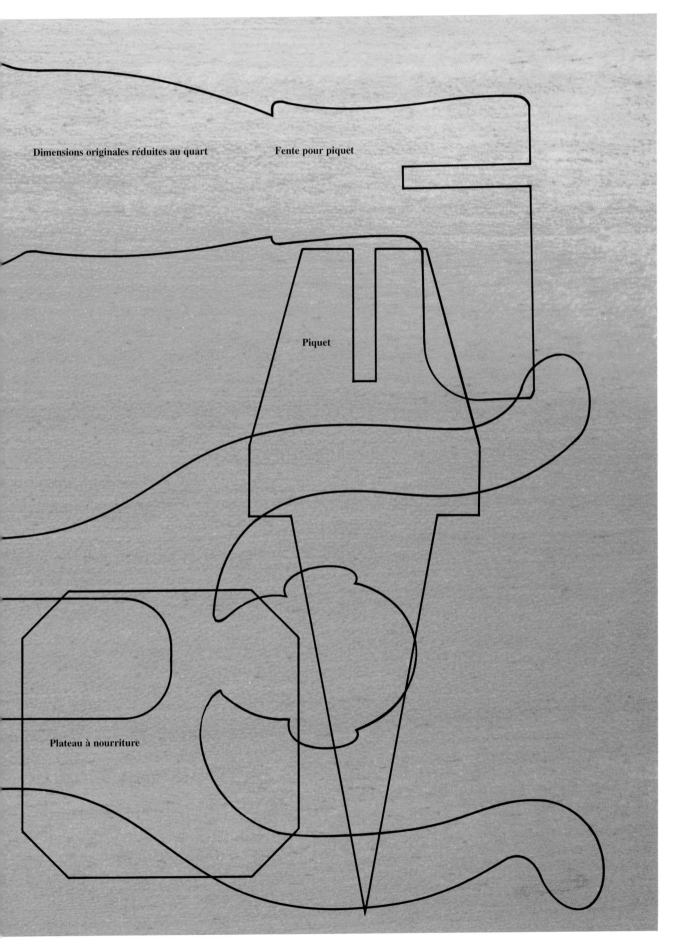

Dimensions originales réduites au quart

Fente pour piquet

Piquet

Plateau à nourriture

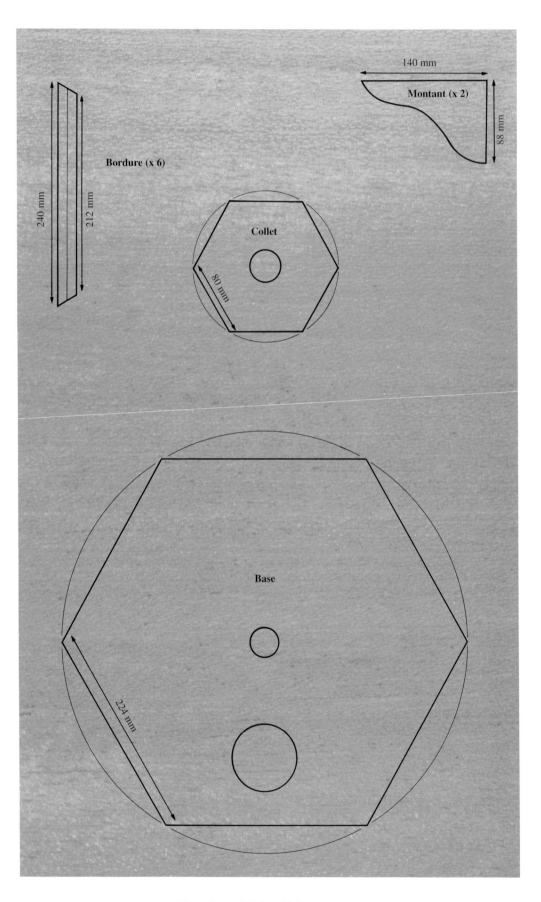

L'AMI DU JARDINIER
(VOIR P. 24)

Bordure (x 6)

240 mm

212 mm

Montant (x 2)

140 mm

88 mm

Collet

80 mm

Base

224 mm

Dimensions originales réduites au quart

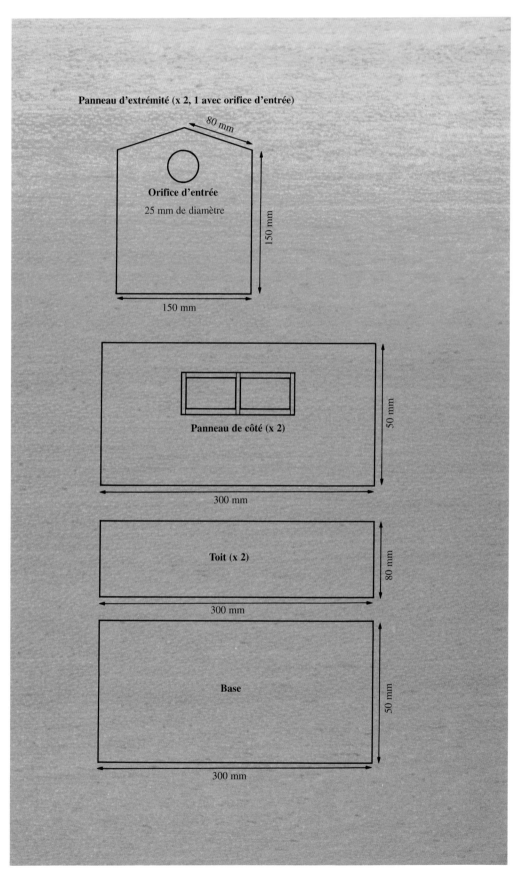

Panneau d'extrémité (x 2, 1 avec orifice d'entrée)

80 mm

Orifice d'entrée

25 mm de diamètre

150 mm

150 mm

Panneau de côté (x 2)

50 mm

300 mm

Toit (x 2)

80 mm

300 mm

Base

50 mm

300 mm

LA REMISE MINIATURE
(VOIR P. 34)

Dimensions originales réduites au quart

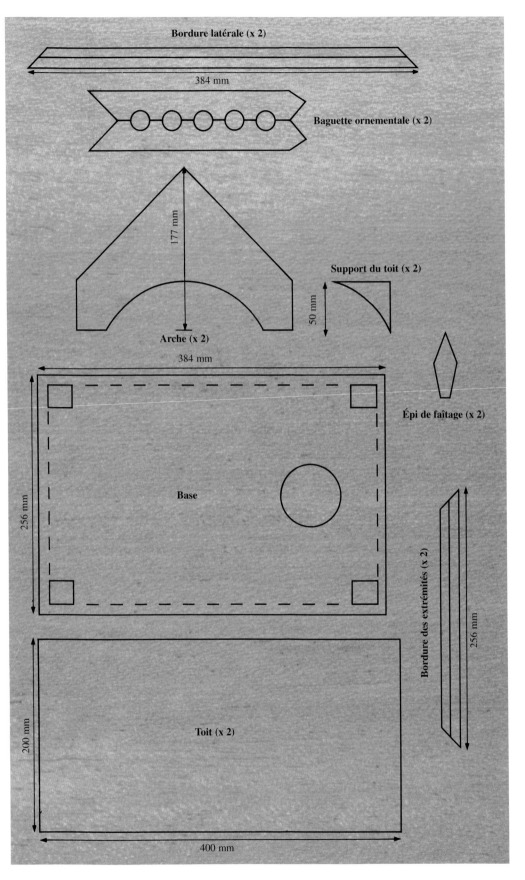

Bordure latérale (x 2)

384 mm

Baguette ornementale (x 2)

177 mm

Arche (x 2)

Support du toit (x 2)

50 mm

384 mm

Épi de faîtage (x 2)

Base

256 mm

Bordure des extrémités (x 2)

256 mm

200 mm

Toit (x 2)

400 mm

Dimensions originales réduites au quart

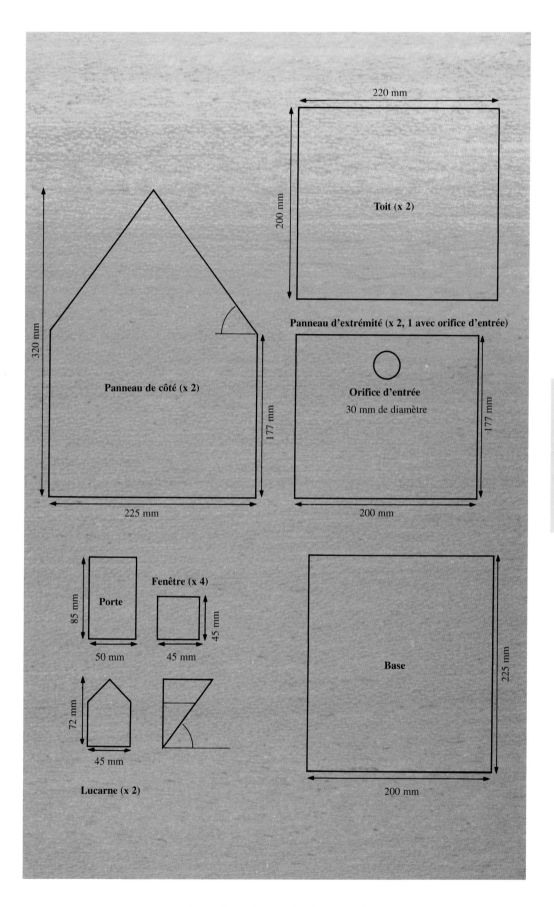

220 mm

200 mm

Toit (x 2)

320 mm

Panneau de côté (x 2)

177 mm

225 mm

Panneau d'extrémité (x 2, 1 avec orifice d'entrée)

Orifice d'entrée

30 mm de diamètre

177 mm

200 mm

85 mm

Porte

Fenêtre (x 4)

45 mm

50 mm

45 mm

72 mm

45 mm

Lucarne (x 2)

Base

225 mm

200 mm

LE STYLE SAVANNAH
(VOIR P. 48)

Dimensions originales réduites au quart

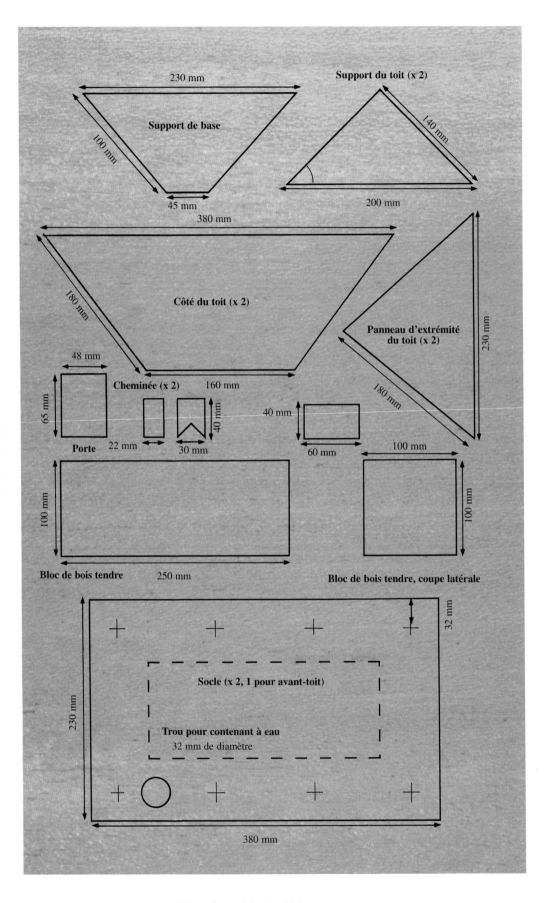

LE RANCH
(VOIR P. 52)

Support de base

230 mm

100 mm

45 mm

Support du toit (x 2)

140 mm

200 mm

380 mm

Côté du toit (x 2)

180 mm

230 mm

Panneau d'extrémité
du toit (x 2)

180 mm

48 mm

Cheminée (x 2)   160 mm

65 mm

40 mm

40 mm

40 mm

Porte   22 mm   30 mm

60 mm

100 mm

100 mm   250 mm

100 mm

Bloc de bois tendre

Bloc de bois tendre, coupe latérale

32 mm

230 mm

Socle (x 2, 1 pour avant-toit)

Trou pour contenant à eau
32 mm de diamètre

380 mm

Dimensions originales réduites au quart

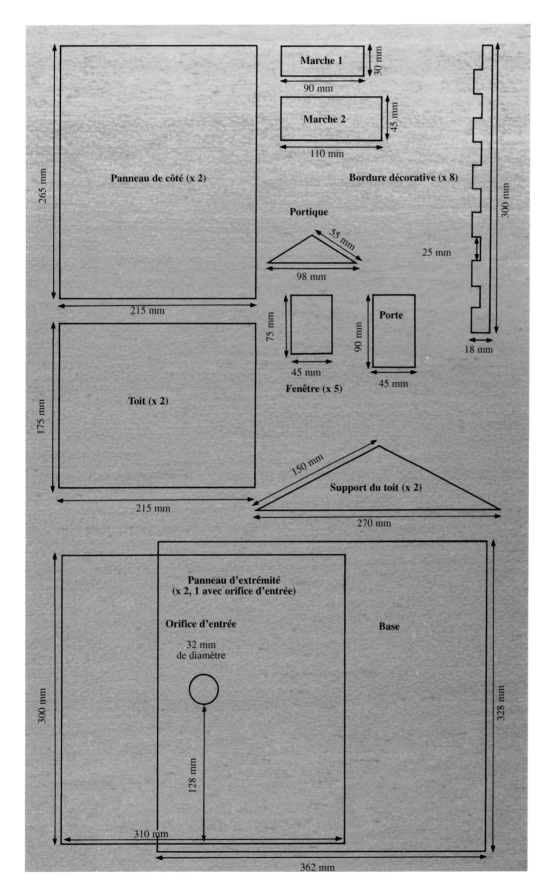

Marche 1
30 mm
90 mm

Marche 2
45 mm
110 mm

Panneau de côté (x 2)
265 mm
215 mm

Bordure décorative (x 8)

Portique
55 mm
98 mm
300 mm
25 mm
18 mm

Toit (x 2)
175 mm
215 mm

75 mm
45 mm
Fenêtre (x 5)

Porte
90 mm
45 mm

150 mm
Support du toit (x 2)
270 mm

**Panneau d'extrémité
(x 2, 1 avec orifice d'entrée)**

Orifice d'entrée

32 mm
de diamètre

Base

300 mm
128 mm
310 mm
328 mm
362 mm

LA MAISON DE CAMPAGNE
(VOIR P. 56)

Dimensions originales réduites au quart

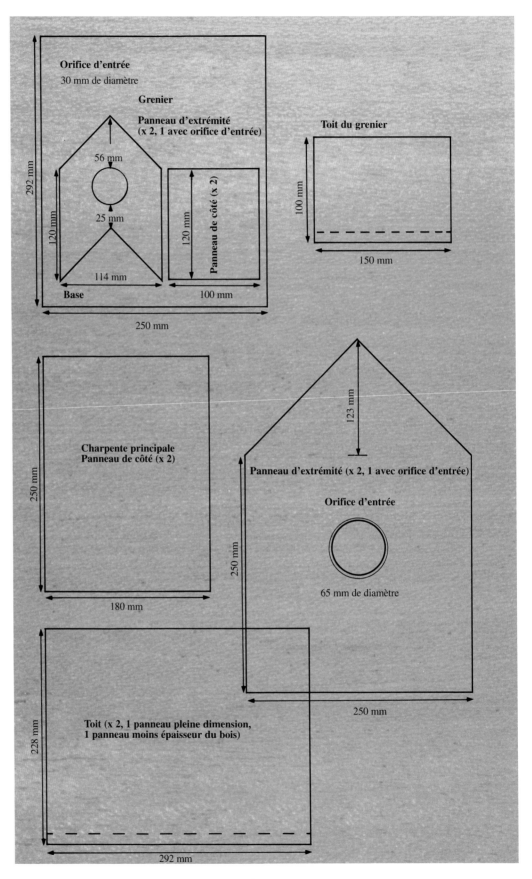

Orifice d'entrée
30 mm de diamètre

Grenier

**Panneau d'extrémité
(x 2, 1 avec orifice d'entrée)**

Toit du grenier

292 mm

56 mm

120 mm

25 mm

100 mm

120 mm

Panneau de côté (x 2)

114 mm

Base

100 mm

150 mm

250 mm

**Charpente principale
Panneau de côté (x 2)**

123 mm

250 mm

Panneau d'extrémité (x 2, 1 avec orifice d'entrée)

250 mm

Orifice d'entrée

65 mm de diamètre

180 mm

250 mm

228 mm

**Toit (x 2, 1 panneau pleine dimension,
1 panneau moins épaisseur du bois)**

292 mm

Dimensions originales réduites au quart

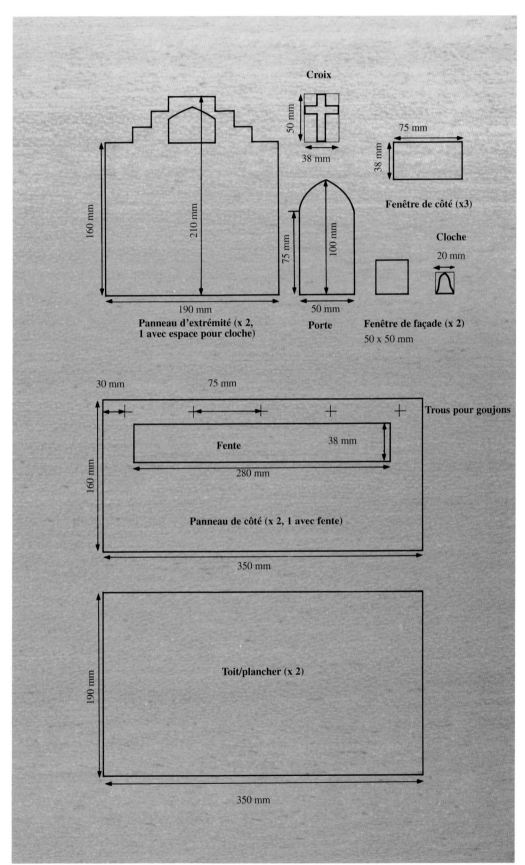

Croix

50 mm

38 mm

75 mm

38 mm

Fenêtre de côté (x3)

160 mm

210 mm

75 mm

100 mm

Cloche

20 mm

190 mm

Panneau d'extrémité (x 2, 1 avec espace pour cloche)

50 mm

Porte

Fenêtre de façade (x 2)
50 x 50 mm

30 mm

75 mm

Trous pour goujons

Fente

38 mm

160 mm

280 mm

Panneau de côté (x 2, 1 avec fente)

350 mm

190 mm

Toit/plancher (x 2)

350 mm

Dimensions originales réduites au quart

LA MISSION
(VOIR P. 64)

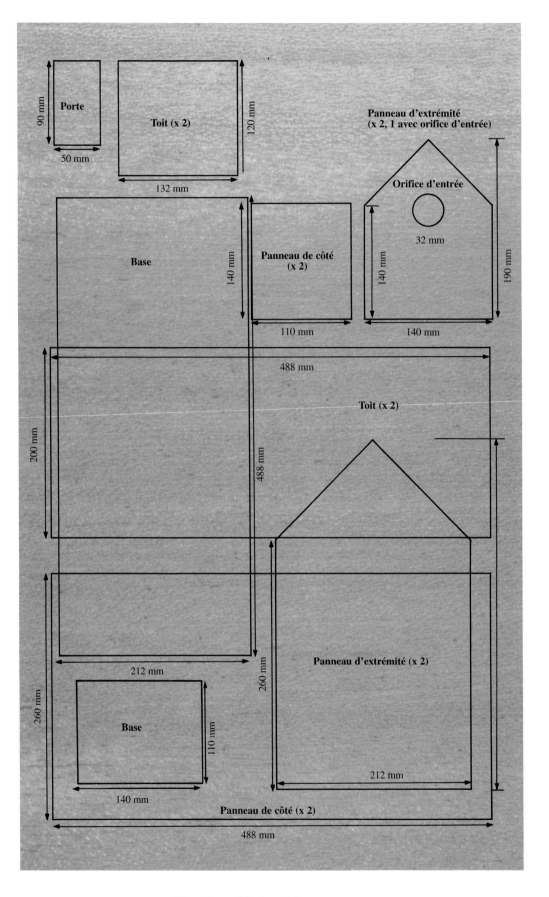

Porte

90 mm

50 mm

Toit (x 2)

120 mm

132 mm

Panneau d'extrémité
(x 2, 1 avec orifice d'entrée)

Orifice d'entrée

32 mm

Base

140 mm

Panneau de côté
(x 2)

140 mm

190 mm

110 mm

140 mm

488 mm

Toit (x 2)

200 mm

488 mm

Panneau d'extrémité (x 2)

212 mm

260 mm

260 mm

Base

110 mm

212 mm

140 mm

Panneau de côté (x 2)

488 mm

Dimensions originales réduites au quart

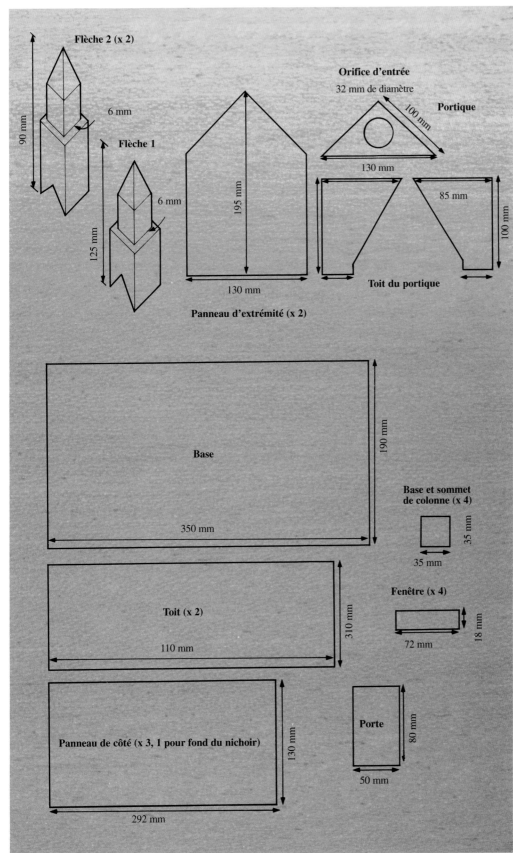

Flèche 2 (x 2)

90 mm

6 mm

Flèche 1

125 mm

6 mm

Orifice d'entrée

32 mm de diamètre

Portique

100 mm

195 mm

130 mm

130 mm

85 mm

100 mm

Toit du portique

130 mm

Panneau d'extrémité (x 2)

Base

190 mm

350 mm

Base et sommet
de colonne (x 4)

35 mm

35 mm

Toit (x 2)

310 mm

110 mm

Fenêtre (x 4)

18 mm

72 mm

Panneau de côté (x 3, 1 pour fond du nichoir)

130 mm

Porte

80 mm

50 mm

292 mm

LeNichoir Néoclassique
(VOIR P. 74)

Dimensions originales réduites au quart

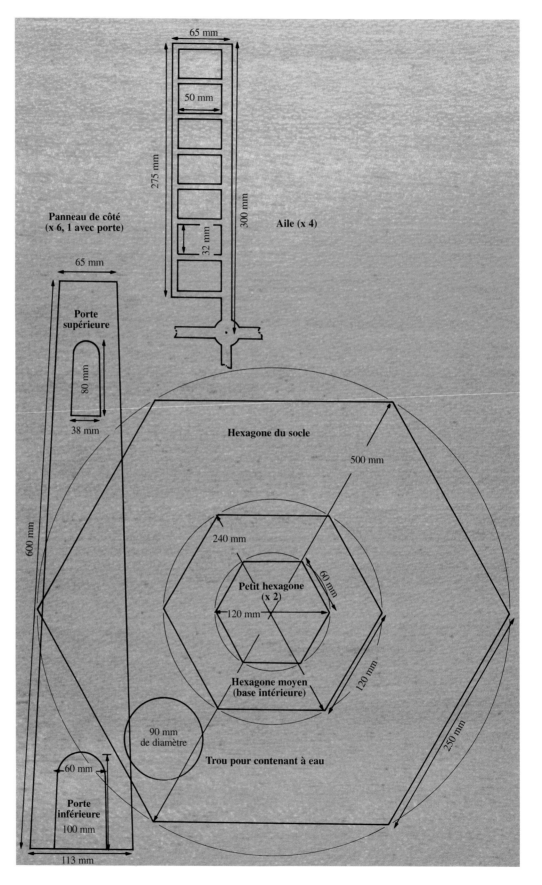

65 mm

50 mm

275 mm

300 mm

32 mm

Aile (x 4)

**Panneau de côté
(x 6, 1 avec porte)**

65 mm

**Porte
supérieure**

80 mm

38 mm

600 mm

Hexagone du socle

500 mm

240 mm

60 mm

**Petit hexagone
(x 2)**

120 mm

**Hexagone moyen
(base intérieure)**

120 mm

250 mm

90 mm
de diamètre

Trou pour contenant à eau

60 mm

**Porte
inférieure**

100 mm

113 mm

Dimensions originales réduites au quart

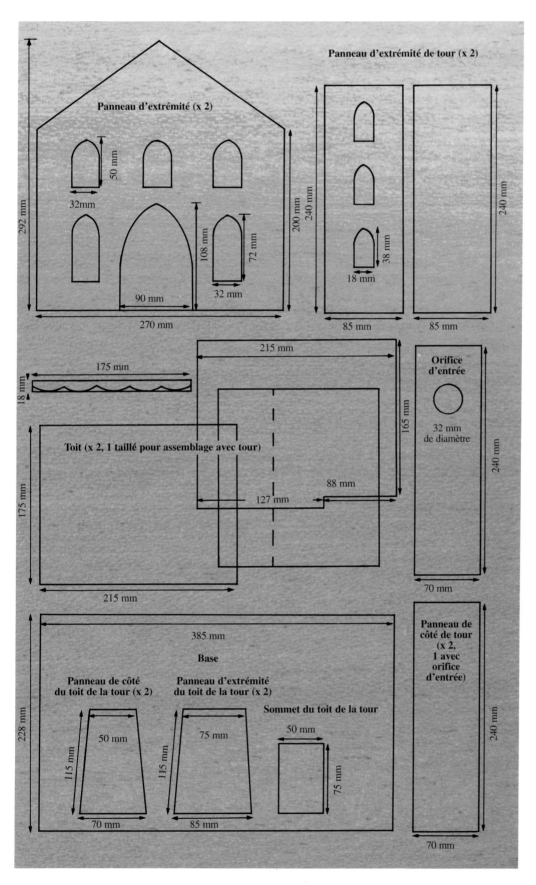

Panneau d'extrémité de tour (x 2)

Panneau d'extrémité (x 2)

50 mm

32mm

292 mm

200 mm

240 mm

108 mm

72 mm

90 mm

32 mm

270 mm

38 mm

18 mm

85 mm

85 mm

240 mm

175 mm

18 mm

215 mm

165 mm

Orifice d'entrée

32 mm de diamètre

Toit (x 2, 1 taillé pour assemblage avec tour)

175 mm

127 mm

88 mm

240 mm

215 mm

70 mm

385 mm

Base

228 mm

Panneau de côté de tour (x 2, 1 avec orifice d'entrée)

Panneau de côté du toit de la tour (x 2)

Panneau d'extrémité du toit de la tour (x 2)

Sommet du toit de la tour

50 mm

75 mm

50 mm

115 mm

115 mm

75 mm

70 mm

85 mm

240 mm

70 mm

LE MANOIR GOTHIQUE
(VOIR P. 84)

Dimensions originales réduites au quart

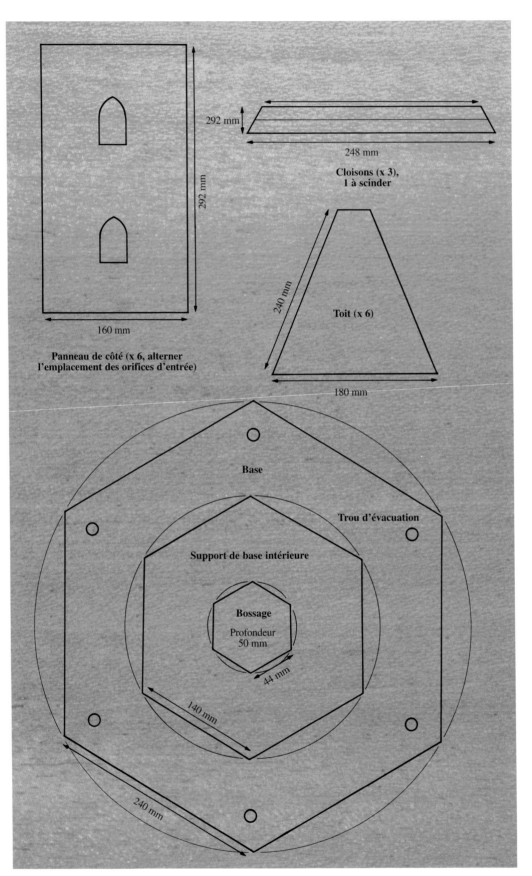

292 mm

292 mm

160 mm

**Panneau de côté (x 6, alterner
l'emplacement des orifices d'entrée)**

248 mm

**Cloisons (x 3),
1 à scinder**

240 mm

Toit (x 6)

180 mm

Base

Trou d'évacuation

Support de base intérieure

Bossage

Profondeur
50 mm

44 mm

140 mm

240 mm

Dimensions originales réduites au quart

Toit (x 2)

160 mm

110 mm

**Panneau de côté
(x 2)**

85 mm

140 mm

**Panneau d'extrémité de cabine
(x 2, 1 avec orifice d'entrée)**

90 mm

38 mm

60 mm

85 mm

155 mm

Pont en pin

180 mm

225 mm

400 mm

225 mm

110 mm

A A

Section transversale de la coque

5 mm contre-plaqué

Coupe latérale du bateau

A A A

25 mm

Proue

80 mm

80 mm

80 mm

80 mm

Poupe

10 mm

L'Arche de Noé
(VOIR P. 96)

Dimensions originales réduites au quart

LE **GRATTE-CIEL**
(VOIR P. 102)

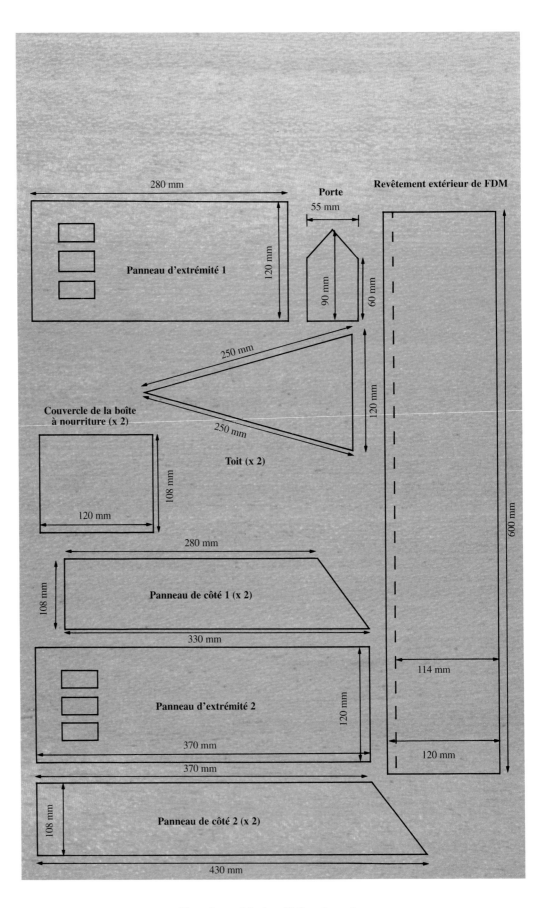

280 mm

Panneau d'extrémité 1

120 mm

Porte

55 mm

90 mm

60 mm

Revêtement extérieur de FDM

250 mm

**Couvercle de la boîte
à nourriture (x 2)**

108 mm

120 mm

250 mm

Toit (x 2)

120 mm

600 mm

280 mm

108 mm

Panneau de côté 1 (x 2)

330 mm

114 mm

120 mm

120 mm

Panneau d'extrémité 2

370 mm

120 mm

370 mm

108 mm

Panneau de côté 2 (x 2)

430 mm

Dimensions originales réduites au quart

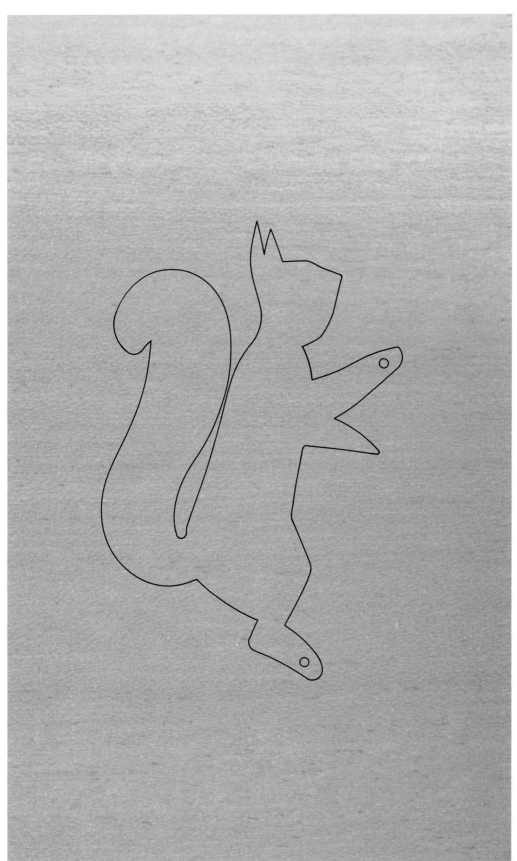

L'ÉCUREUIL ESPIÈGLE
(VOIR P. 41)

Dimensions originales réduites au quart

INDEX

Les numéros en **gras** renvoient aux légendes qui accompagnent les illustrations. Les listes d'outils et de matériaux au début de chaque chapitre ne sont pas comprises dans l'index.

REMERCIEMENTS

Quarto souhaite remercier les personnes ou organismes suivants,
qui ont autorisé la reproduction de photographies dans le présent ouvrage:
Ace Photo Agency 10*g* (Margot Melmore), 46 (Erik Pelham);
Heather Angel/Biofotos 10*bd*; Daybreak Imagery 6 (Susan Day), 7*h*, 29, 98
(Richard Day); Jesse Hickman 13*hg*; Andrew Lawson 13*hd*;
Clifton Monteith 9*b*, 22, 100; Jackie Newey 9*h*, 12, 72, 92; PhotoNats 7*c*
(Deborah M. Clowel), 8 (Priscilla Connell), 101 (Carl Hanninen);
Randy Sewell 13*b*, 50, 54, 82, 99; Harry Smith Collection 76, 93;
Nancy Thomas Studio Gallery 36, 39, 58, 62, 66, 102;
Traditional Garden Supply Ltd. 67, 94, Juliette Wade 68, 87;
Wildlife Matters 7*b*, 10*hd*, 11*h* et *b*.
LÉGENDE: *h* haut, *b* bas, *c* centre, *g* gaudhe, *d* droite
Toutes les autres photographies sont la propriété de Quarto Publishing plc.

Quarto souhaite remercier les artisans suivants pour les modèles
qu'ils ont fournis pour le présent livre:
FRANK DELICATA, ERICK KENDALL et BOB PIPER

Imprimé à Singapour